고등학교

인성 ③

윤문원 지음

씽크파워
THINK POWER

구성
3장으로 구성하여 1장은 주요 인성덕목(정의, 시민의식)이며, 2장은 인성교육진흥법에서 명시하고 있는 8대 인성덕목(예(禮), 효(孝), 정직, 책임, 존중, 배려, 소통, 협동)이며 3장은 예방 교육(학교폭력 예방, 자살 예방)입니다.

교과목과 연계
인성을 별도의 내용이 아니라 생활과 윤리, 윤리와 사상, 사회, 국어 등 교과목과 연계하였습니다.

학습 목표
각 인성덕목에서 익혀야 할 주요 주제를 제시하였습니다.

스토리텔링
자칫 딱딱하기 쉬운 인성교육 내용을 재미있는 이야기를 통해 습득할 수 있습니다. 특히 많은 위인들의 이야기를 실어 이들의 삶을 본받을 수 있도록 하였습니다.

삽화, 사진, 명화
내용을 이해하기 쉽도록 삽화와 사진, 명화를 풍부하게 실었습니다.

명언
내용에 걸맞은 위인들의 명언을 통해 쉽게 이해할 수 있습니다. 아울러 명언을 한 인물을 소개하였습니다.

편지
인성덕목을 익히게 함에 있어서 주입식이 아니라 대화 형식의 서간체 편지를 실었습니다.

시

해당 인성덕목과 관련 있는 시를 실어 흥미를 느낄 수 있습니다.

책 읽기

각 인성덕목의 내용과 관련 있는 책의 문장을 실었습니다.

읽기 자료

해당 인성덕목과 관련 있는 내용의 읽기 자료를 첨부하였습니다.

논술 자료

해당 인성덕목과 관련 있으며 대입 논술에 자주 출제되는 논술 주제와 예시 답안을 제시하였습니다.

실천하기

각 인성덕목을 생활에서 실천할 수 있는 내용을 열거하였습니다.

정리하기

각 인성덕목의 주요 내용을 요약하여 정리하였습니다.

확인하기

각 인성덕목의 내용을 문제를 통해 익힐 수 있습니다.

올바른 인성을 익히는 것은 인격과 직결되는 일이므로 매우 중요합니다.
이 책이 좋은 인성을 형성하는 데 도움이 되기를 바랍니다.

차례

PART 03

예방 교육

주요 인성덕목

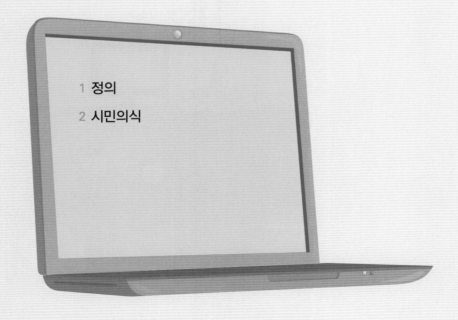

주의적인 생활 문화를 억제하고 무분별한 개발을 멈추어야 한다. 물질적으로 풍요로운 삶을 영위하는 것보다는 인간의 기본적인 삶의 토대를 회복시키는 일이 더 중요하기 때문이다.

항상 깨어 있는 정신으로 자신의 행위가 환경에 미치고 있는 영향들을 자각하고 환경 보호에 이바지할 수 있도록 자신의 행위를 변화시켜 나가야 한다. 이미 환경 보호를 위해 노력하고 있는 경우에는 더욱더 이를 꾸준히 지키겠다는 결심을 하고 실천해 나가야 한다.

지구 위에 사는 수십억의 인간이 각각 환경에 상당 부분 영향을 미치고 있어, 당장 어느 정도의 환경오염과 파괴는 피할 수 없는 것이라 해도 우리가 반드시 해야 할 일은 환경 파괴의 규모를 최대한 줄여 이상적인 환경이 지속 가능하게 만드는 것이다. '나 하나쯤이야.' '그런 건 해서 뭐해?'라고 생각해서는 안 된다. 환경 문제에 더욱 많은 관심을 기울이고 각자가 환경 파괴를 최소화하기 위해 생활 속에 작은 실천을 해야 한다.

가능한 한 재활용하고 친환경 제품을 사는 것이 좋다. 에너지를 낭비하지는 않는지, 재활용할 수 있는 물품을 마구 버리지는 않는지, 자신이 운전하는 자동차가 지나치게 매연을 발생하지는 않는지, 합성세제나 일회용 제품을 과다하게 사용하지는 않는지, 폐수를 지정된 방법으로 버리고 있는지 등을 살피고 환경 보호에 도움이 되도록 행위를 개선해야 한다.

지속 가능한 지구 생태계가 되기 위해서는 무엇보다 원활한 물질 순환이 이루어져야 한다. 물질 순환은 자연 속에서 물질이 도는 것을 말하는데 그중에서도 물의 원활한 순환이 이루어져야 지

구 생태계가 온전히 유지된다.

물은 증발한 후 구름이 되어 비를 내리는 반복 작용으로 생태계가 유지된다. 하지만 지나친 물의 소비나 물질에 탐닉하여 과도한 자원 개발로 인한 자연 파괴로 말미암아 이러한 물질 순환의 흐름을 깨뜨려 생태계에 문제를 일으키고 있다. 가뭄이나 폭설, 폭우 등 자연재해를 일으켜 삶에 커다란 위협이 되는 것이다.

한정된 자연 자원을 무분별하게 개발하거나 사용할 것이 아니라 지속 가능한 개발과 사용 방안을 강구해 나가야 한다. 이를 위해서는 욕구를 줄이는 절제하는 삶의 자세가 선행되어야 한다. 이것은 자신의 삶을 안전하게 하며 미래 세대를 위한 것이기도 하다. 절제하는 태도는 삶의 지혜로서 삶의 기준이 되어야 한다.

❈ 애국심

국민으로서 나라를 사랑하고 헌신하려는 마음인 애국심을 가지는 것은 의무이자 필수불가결한 덕목이다. 자신을 낳고 길러준 터전이자 삶의 근거지인 나라를 조국이자 모국이라고 한다. 바로 조상 대대로 살아온 나라이자 어머니 품과 같은 나라라는 뜻이다. 조국 또는 모국인 이 나라는 우리 민족 모두가 함께 살고 있고 앞으로 후손들이 함께 살아가야 할 '우리나라'이다. 그러므로 정성을 다해 이로운 일을 해야 한다.

나라를 위해 정성을 다한다는 애국을 뜻하는 '충(忠)'은 무조건 복종을 뜻하는 것이 아니라 마음에서 우러나온 자발적인 행동이어야 한다. 누가 시키거나 강제에 의해서가 아니라 마땅히 해야 한다는 생각으로, 힘들고 불편하더라도 기꺼이 참으면서 즐거운 마음으로 해야 한다.

🎬 이순신 장군 어록

> 장부가 세상에 나서 쓰일진대, 목숨을 다해 충성을 바칠 것이요, 만일 쓰이지 않으면 물러가 밭가는 농부가 된다 해도 또한 만족할 것이다.

이순신(李舜臣, 1545~1598)
조선 선조 때의 장수. 임진왜란 때 왜군을 물리쳐 나라를 구한 명장.

애국은 조국을 위해 헌신하고 자신을 희생하는 것을 말하는데 자신의 목숨이나 명예나 재산과 같은 희생이나 기부가 아니더라도 지식, 문화 예술, 스포츠 등으로 자신의 능력을 발휘하고 국위선양을 하는 것도 애국이다. 조그마한 손해나 불편함을 감수하여 공동체의 화목과 질서에 이바지하는 것도 애국이 될 수 있으며 평소 자신의 생업을 위해 열심히 노력하여 성과를 거두는 것도 애국이다.

애국심은 우리나라 국토에 대한 사랑과 국민에 대한 사랑, 그리고 조국이 지향하는 국가 정신에 대한 사랑을 포함한다. 애국심은 조국의 어려움을 극복하고 유지하고 발전시키는 원동력이다. 역사적으로 우리나라는 국난 등 여러 가지 어려움을 겪어왔다. 그때마다 애국심으로 무장한 국민이 있었기에 오늘날 자랑스러운 대한민국에서 삶을 영위하고 있다.

🎬 유관순 열사의 유언

> 내 손톱이 빠져나가고, 내 귀와 코가 잘리고, 내 손과 다리가 부러져도 그 고통은 이길 수 있사오나, 나라를 잃어버린 그 고통만은 견딜 수가 없습니다. 나라에 바칠 목숨이 오직 하나밖에 없는 것만이 이 소녀의 유일한 슬픔입니다.

유관순(柳寬順, 1902~1920)
독립운동가. 이화학당 재학 당시 3·1 운동이 일어나자 병천 장터 시위를 주도하고 수감된 뒤에도 옥중 투쟁을 계속하다가 옥사함.

우리는 역사를 통해 나라가 침략을 당하거나 빼앗기는 고통을 여러 차례 겪었으며 나라가 튼튼해야 안정된 삶을 누릴 수 있음을 뼈저리게 느꼈다. 조국은 숭고하고 신성하다. 조국이 위기에 처해 있을 때, 조국과 민족을 위해 자신이 무엇을 해야 하며 어떻게 해야 하는 것을 정하는 것이 희망이요 목표가 되어야 한다. 나라를 잃거나 쇠락해지면 국민은 비참해지므로 나라를 지키고 번영하도록 하는 데 이바지해야 한다.

애국을 실천하기 위해서는 조국에 대한 긍지와 자부심을 가져야 한다. 아무 근거 없이 자국에 대한 우월감이나 광신적·배타적 애국심은 잘못된 것이지만 열등감을 가지거나 부끄럽게 여겨서는 애국심이 발휘될 수 없다. 희망적인 자세로 조국을 바라보면서 좋은 점과 훌륭한 점을 생각하고 발굴해야 한다.

조국의 지속적인 발전을 위해서 건전한 비판을 하되 불평불만을 늘어놓거나 무관심해서는 안 된다. 관심을 가지고 후원하고 다각도로 이바지하면서 발전적인 방향으로 변화시키려고 노력해야 한다.

조국이라는 공동체의 일원으로서 강한 일체감과 소속감, 공동체 의식을 가져야 한다. 개인은 태어남과 동시에 국민으로서 국가와는 불가분의 관계를 맺는다. 국가라는 공동체의 구성원으로서 국가가 작동되는 원리를 학습하고 활동하게 된다. 그러면서도 개인은 개별적 독자성과 창의성을 가지고 다른 구성원들과 상호 조화 속에서 나라 발전을 위해 이바지해야 한다. 국가는 개인 간의 갈등을 최대한 억제해 공동의 발전을 끌어내는 구심점이 되어야 한다. 국가의 발전이 개인의 발전과 병행되어야 하며 개인 발전의 총합이 국가 발전으로 이루어질 수 있도록 국가의 원리가 작동되어야 한다.

　조국에 대한 주인의식을 가져야 애국심이 발휘된다. 가족이든 사회 어떤 조직이든 주인의식이 있어야 소속된 공동체를 위하여 최선을 다하게 되며 국가에서도 마찬가지다. 대한민국의 주인은 바로 국민이다. 대한민국의 주권은 국민에게 있으며, 권력은 국민에게서 나온다는 것은 헌법에도 명시된 대원칙이다.

　한 가정의 주인은 가족 구성원 모두인 것처럼 국가의 주인도 국민 모두이다. 가족 구성원이 집안의 화목과 발전을 위해 정성을 쏟아야 하는 의무와 함께 가정의 안락함을 누리는 권리를 가지는 것처럼 국민도 나라의 평화와 지속적인 발전을 위해 최선을 다해야 하는 의무와 함께 국가에서 베푸는 복지와 혜택을 누릴 권리를 가지고 있다.

　그러므로 국가에 대한 투철한 주인의식을 가지고 조국을 위한 간절한 마음과 활발한 참여로 국가 발전에 이바지해야 한다. 나아가 글로벌 시대에 인류를 위해 정성을 다해 노력하고 실천한다면 세상을 바꾸고 바람직한 미래를 창조하는 주역이 될 수 있다.

정리하기

◉ 질서는 공동체 생활의 기반으로서 반드시 지켜야만 하는 공공의 약속이다.

◉ 개인이 공동체의 일원으로서 질서를 지키는 것은 의무이다.

◉ 질서가 지켜져야 자유롭고 평화로운 생활이 보장된다.

◉ 성숙된 질서의식으로 행복한 사회생활을 영위해야 한다.

◉ 질서를 잘 지키는 것이 바로 인격과 직결된다.

◉ 법을 준수하면 개인의 자유와 권리를 지킬 수 있고, 사회 질서를 유지하여 평화로운 삶을 살 수 있고, 정의로운 사회를 만들어 갈 수 있게 한다.

◉ 인간은 자연과 함께 살아가는 존재이므로 환경을 보호해야 한다.

◉ 지구 온난화 문제는 심각한 수준이다.

◉ 인간성 회복과 생명 존중 사상을 가져야 한다.

◉ 국민으로서 조국을 사랑하고 헌신하려는 마음인 애국심을 가지는 것은 의무이다.

◉ 애국은 조국을 위해 헌신하고 자신을 희생하는 것을 말한다.

◉ 애국심은 조국의 어려움을 극복하고 유지하고 발전시키는 원동력이다.

◉ 애국을 실천하기 위해서는 조국에 대한 긍지와 자부심을 가져야 한다.

◉ 조국에 대한 주인의식을 가져야 애국심이 발휘된다.

확인하기

1 질서를 왜 지켜야 하는지 서술하시오.

2 법을 지켜야 하는 이유를 적어 보세요.

3 환경보호의 필요성이 대두되는 이유는 무엇인가요?

4 환경보호를 위해서는 어떤 의식을 가져야 하는지 서술하시오.

5 애국심을 실천하기 위해서는 어떤 마음을 가져야 하는지 적어 보세요.

정답 1~5. 각자 작성

PART

02

8대 인성덕목

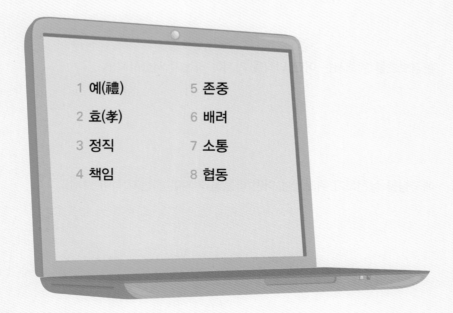

1 예(禮)

📋 **학습목표**
- 예(禮)의 본질을 이해하고 예절을 지키는 방법을 말할 수 있다.
- 겸손의 의미와 미덕을 인식할 수 있다.
- 예의 바른 복장을 하는 방법을 설명할 수 있다.

✂ 예절을 지키는 방법

🎬 ≪채근담≫ 중에서

> 윗사람에게 예절을 지키기는 어렵지 않으나, 아랫사람에게 예절 있
> 게 하기는 오히려 어렵다. 윗사람을 섬기듯 아랫사람에게 예절이 바르
> 지 않으면 표리부동한 성품으로 떨어지기 쉽다.

≪채근담 菜根譚≫
1644년경 중국 명나라 때 홍응명(洪應明)이 만든 처세에 관한 책. 359개의 단문으로 구성되어 있음.

사회적 신분이나 지위가 높은 사람에게는 환심을 사기 위하여 겸손한 태도로 예의를 지키면서, 낮은 사람에게는 교만한 태도로 무시하거나 자존심을 상하게 해서는 안 된다. 명령조나 권위를 나타내는 단정적인 말투는 건방지다거나 교만하다고 느끼게 할 수 있다. 겸손한 말투는 중요하다.

가족이나 친한 사이에서 스스럼없이 편안하게 느끼는 것은 좋지만 가까운 사이일수록 침범해서는 안 되는 영역이 있으며 지켜야 할 예의가 있다. 상대방의 입장이나 기분은 아랑곳하지 않고 멋대로 말하고 행동하고 아무렇게나 몸가짐을 해서는 안 된다. 그리하면 아무리 가깝고 친한 사이라도 금이 가면서 멀어진다.

대등한 관계에서는 긴장도 풀어지고 행동이 자유로워지면서 예의를 소홀히 하기 쉽다. 주의가 산만하거나 무관심하여 지켜야

할 최소한의 예의마저 지키지 않는 것은 실례 정도가 아니라 무례이다. 윗사람에게는 지나치게 긴장하지 말고 자연스럽게 예의를 다해야 한다.

예절은 시대의 변천과 상황에 따라 융통성을 발휘해야 한다. 예절을 고정된 형식으로 치부하고 내가 보는 관점만으로 고수하는 것은 바람직하지 않다. 시대에 따라 문화가 달라지듯 예의도 때에 맞춰서 달라져야 한다. 또한 글로벌 시대에 예의를 표현하는 방법은 인종과 지역, 환경, 문화 등에 따라 커다란 차이가 있으므로 상황에 따라 필요한 예의를 알아두면 좋을 것이다. 이처럼 예의의 형식은 변할 수 있지만, 자신을 낮추고 겸손한 마음을 가지는 예의의 본질은 영원불변한 것이다.

벤저민 프랭클린
(Benjamin Franklin, 1706~1790)
미국의 과학자이며 외교관이자 정치가. 피뢰침과 다초점 렌즈 등을 발명. 미국 독립에 크게 이바지하는 업적을 남겨 100달러 지폐에 초상화가 실려 있음

겸손의 미덕

벤저민 프랭클린의 겸손

• 벤저민 프랭클린은 어떻게 겸손의 교훈을 얻었을까?

벤저민 프랭클린이 젊은 시절에 이웃에 사는 선배 집에 놀러 갔다. 선배와 함께 즐겁게 놀다 집을 나오면서 그만 높이가 낮은 쪽문에 머리를 부딪치고 말았다. 큰 부상은 아니었지만, 너무 아파서 그 자리에 주저앉고 말았다. 부딪치는 소리를 듣고 선배가 뛰쳐나와서 아픈 부위를 만져 주면서 자상하게 말했다.

"자네가 오늘 쪽문에 머리를 부딪친 것을 삶에 가르침을 주었다고 생각하게. 쪽문에 부딪히지 않으려면 고개를 숙여야 하듯이 세상 살아갈 때 겸손할수록 부딪히는 일은 줄어든다는 것을

43

명심하게."

프랭클린은 머리가 부딪치는 것에서 얻은 교훈을 가슴에 새기면서 삶에서 겸손한 자세를 잃지 않았다. 그가 훗날 다양한 분야에서 뛰어난 업적을 이룰 수 있었던 것은 평생에 걸쳐 실천했던 겸손함 덕분이었다.

정치가로서 그는 겸손한 자세로 아메리카 식민지의 자치에 대해 영국의 관리들과 토론을 벌일 때 식민지의 대변인으로 활약했고, 독립선언서 작성에 참여했으며, 미국 독립전쟁 때 프랑스의 경제적·군사적 원조를 얻어냈다.

바다와 강이 산골짜기 물줄기보다 항상 낮은 곳에 있다는 사실을 알고 있는가? 물이 바다로 모이는 것은 바다가 낮은 곳에 있으며 모든 물을 수용할 수 있는 역량이 되기 때문이다.

자신을 낮추면 더 높게 대접받는다. 타인보다 높은 곳에 있기 바란다면 그들보다 아래에 위치하라. 항상 자기가 설 곳보다 조금 낮은 장소를 택해야 한다. 스스로 높아지려 한다고 해서 높아지는 것이 아니다. 내려가라는 말이 아니라 올라가라는 말을 듣도록 하는 게 좋다.

요즈음은 자기가 잘 났다고 뽐내는 시대다. 하지만 자기 과시는 미움을 사며 시기심을 유발시킨다. 이러한 때에 지혜로운 자는 교만이 아닌 겸손의 미덕을 발휘한다. 겸손은 인생에서 성공하기 위한 열쇠다. 왜냐하면 교만은 인간관계를 해치고 겸손은 인간관계를 돈독하게 하기 때문이다.

겸손은 자기를 낮추고 상대방을 높이는 것이지만 어떤 면에서 겸손은 자신을 낮추는 것이 아니라 자신을 세우는 것이다. 벼는 익을수록 머리를 숙인다. 진정으로 실력과 용기를 가진 사람만이 겸손할 수 있다. 실력이 있는 사람의 겸손은 진심이며, 약한 사람의 겸손은 비굴함으로 비춰질 수 있다. 겸손하게 행동하되 비굴

하지 말아야 한다.

자기표현을 아끼면 더 높은 평판을 얻게 된다. 두뇌는 명석해지도록 충분히 연마해 두어야 하지만 그 명석함을 드러내지 않고 느긋하게 간직하고 있어야 한다. 머리가 지나치게 명석하면 주위 사람들이 경계한다. 명석함이 지나치게 많으면 사람들이 질시하므로 의도적으로 드러내고자 하지 말아야 한다.

친구를 얻고 싶은가? 적을 만들고 싶은가? 적을 만들기 원한다면 내가 그보다 잘났다고 말하고 다녀라. 친구를 얻고 싶다면 그가 나보다 뛰어나다고 느끼게 해주어라.

인간은 불완전한 존재라는 사실, 타인과의 협력에 의해 비로소 불완전함이 채워질 수 있다는 사실에 늘 겸허할 수 있도록 스스로 경계해야 한다. 항상 자신이 오만해지는 것을 경계하고, 어릴 때부터 귀에 못이 박히도록 들어온 다음의 경구를 가슴에 새기면서 행동해야 한다.

'벼는 익을수록 머리를 숙인다.'

복장 이미지

연구 결과

> 처음 만난 사람의 인상에 대한 결정이 4초 내에 이루어진다.

대부분의 사람들은 새로운 사람을 만나서 4초면 첫인상이 각인되어 판단하고, 30초 안에 자신이 받은 첫인상을 재확인하고 정당화하려는 식으로 마음이 움직인다는 것이다. 사람은 매우 시각 중심적이다. 사람들은 다른 사람을 평가할 때 시각에 많이 의

존한다.

　복장은 개성과 품격을 표현하는 척도로 인간관계에 큰 영향을 미친다. 상황에 맞는 세련된 복장은 이미지를 높여 주는 역할을 한다. 물론 지적인 내면과 교양, 에티켓은 기본 전제다.

　복장은 타인의 평가뿐만 아니라 자기 관리에도 영향을 준다. 세련된 복장 이미지의 구축은 자신감을 불어넣어 내적 이미지까지 강화시킨다.

　자신이 편하게 느낀다고 해서 하고 싶은 대로 해서는 안 된다. 옷차림은 단순히 아름답거나 깨끗함을 넘어 수준과 취향까지 나타낸다. 정성스레 차려입은 옷차림은 매사에 준비성을 가시적으로 나타내는 척도다. 아무런 정성을 들이지 않고 대충 상대방을 만나는 사람은 대인관계에 실패하기로 작정한 것과 마찬가지이다. 자신에게 맞는 복장 이미지를 어떻게 만들 것인지 알아보자.

이미지에 어울리게 한다.

　얼굴과 몸에 맞는 스타일을 파악한 후에 피부색에 어울리는 패션 스타일과 컬러를 선택해 입어야 한다. 어울리지 않는 옷은 아무리 좋은 옷이라도 입지 말아야 한다.

분위기에 걸맞은 옷을 입는다.

　현대는 격식이 필요 없는 시대라며 입고 싶은 대로 편하게 옷을 입어도 된다는 말에 귀 기울이지 말아야 한다. 때와 장소 등 분위기에 맞는 옷을 입어야 한다.

상황에 맞춰 입는다.

그때그때 상황에 맞춰 입어야 이미지가 최상으로 발휘된다.

튀지는 않되 멋을 부린다.

너무 화려하거나 튀는 옷차림으로 거부감을 주지 않으면서 이미지에 맞는 멋은 부려야 한다. 개성과 접목시켜 유행을 받아들이는 것이 좋다. 패션에 맞는 헤어스타일, 신발, 화장, 표정, 말씨, 제스처도 중요하다.

양보다 질을 추구하라

패션 감각은 경쟁력을 갖추는 투자라고 생각하고 옷가지 수를 줄이고 질이 좋은 옷을 구입하는 것이 효율적이다. 질이 좋은 옷은 이미지를 높이면서 더 오래 입을 수 있다.

도 있겠지만 이해하고 효도에 최선을 다해야 한다. 어린아이에게 부모가 필요한 것처럼 나이 드신 부모에게는 돌봐줄 자식이 필요하며 책임감과 의무감을 가지고 세심하게 보살펴야 한다.

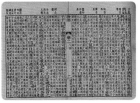

≪논어 論語≫
(BC 450년경)
공자의 언행록. 공자가 세상을 떠난 후 그의 제자들이 서로의 기록을 모아 논찬했기 때문에 이름 붙여진 것임.

🎬 ≪논어≫ 중에서

> 사람됨이 효성스럽고 공손하면서도 윗사람에게 대들기를 좋아하는 사람은 드물다. 효성스러움과 공손함은 인(仁)을 실행하는 근본이다.

"효는 모든 행동의 근본이다"라는 말이 있듯이 모든 예절의 시초는 효에서 시작된다. 효를 실천하는 것은 곧 자신의 인격을 수양하는 좋은 방법이므로 효성이 지극한 사람은 훌륭한 인격을 가지고 있다.

효도에는 부모를 정신적으로 편안하고 기쁘게 해드리는 것과 부모를 육체적으로 편안하게 해드리는 것이 있다. 부모에게 효도할 때는 정성과 공경을 으뜸으로 해야 한다. 좋은 집에 좋은 음식과 좋은 옷으로 부모를 봉양하는 것도 좋지만, 부모가 자식에게 원하는 것은 마음에서 우러나오는 미소 짓는 얼굴과 공손한 말씨와 따뜻한 손길이다. 부모를 쓸쓸하고 허전하게 만드는 것은 집이나 음식이나 옷이 아니라 마음이 담겨있지 않은 태도이다.

공자(孔子, BC 551~476)
중국 춘추 시대 노(魯)나라의 교육자 · 철학자 · 정치사상가.

부모가 나이가 들면 어린아이처럼 아주 작은 일에도 기뻐하고 슬퍼하고 노여워하므로 자식은 세심한 주의를 기울여서 이러한 마음을 잘 헤아려 모셔야 한다. 그러므로 큰 잔치를 베풀고 좋은 것을 해드리는 것만이 아니라 비록 작은 물질을 베풀더라도 정성을 다한다면 그것이 바로 효도로 부모가 기뻐하는 것이다. 부모가 기뻐하면 집안이 화목해지면서 집안일이 잘 이루어진다.

교체 선수

• 아들이 아버지가 응원 온 축구 대회에서 꼭 출전하고 싶었던 이유는 무엇일까?

회사원이었던 아버지는 결혼 후 시력이 점점 떨어지는 병을 앓다가 급기야 두 눈이 보이지 않게 되었다. 두 남매를 둔 생활은 교사인 어머니가 책임을 져야 했다. 아버지는 집에서 점자도 배우면서 시각장애인으로서의 불편을 해소하기 위해 최선을 다했다.

아들은 어려서부터 축구를 매우 좋아하여 초등학교 4학년 때에 축구반에 들어갔다. 키도 작고 몸도 여위었지만 축구에 대한 열성만은 대단하여 누구보다도 연습을 더 열심히 했다.

어느 날 집에 있던 아버지는 하교 시간이 훨씬 지났는데도 아이가 돌아오지 않자 걱정이 되었다. '어린것이 축구 연습을 하다 다치지는 않았을까' 하는 걱정을 하고 있는데 대문 밖에서 아이 소리가 들려왔다. "아버지 다녀왔습니다." 그런데 다른 날 같았으면 우당탕 소리를 내며 문을 열어젖히고 밝게 웃으면서 들어왔을 텐데 그날은 곧장 부엌으로 가더니 무엇을 하는 소리가 났다. 잠시 후 방문을 열고 들어오는 아들의 발자국 소리가 들렸다.

아들은 큰 쟁반에 담아온 유리컵과 접시를 내려놓으면서 말했다. "오늘 우리 축구부의 학부형이 빵과 음료수를 가지고 왔어요. 제 몫의 빵과 음료수를 아버지와 함께 먹으려고 가지고 왔어요. 아버지 이것 드세요." 아들의 성화에 빵과 음료수를 마시는 아버지는 목이 메어 반도 마시지 못했다.

아들은 중학교, 고등학교에서도 학교의 축구선수였지만 간간히 출전하는 후보 선수였다. 그렇지만 그는 언젠가는 주전선수로 경기장에 나갈 수 있을 것이라는 희망을 버리지 않았고 열심히 연습을 했다. 아버지는 아들 학교의 시합이 있을 때면 직접 가서 아들이 뛰는 모습도 보고 응원하고 싶었지만 눈이 보이지 않으니 여의치 않았고, 아들이 창피해 할까봐 가고 싶은 마음을 참기도 했다.

아버지는 아들이 학교 축구부의 주전 선수로 맹활약하는 것으로 알고 있었다. 아버지가 시합을 마치고 돌아온 아들에게 시합 내용을

가족의 의미

현대 사회가 빠르게 변하면서 가족의 형태와 가족 구성원 간의 관계도 많은 변화를 겪고 있다. 이런 상황에서 가족 간에 자신의 위치를 인식하고 의무를 다하는 것은 기본적인 덕목이다. 가족은 부모와 자녀가 함께 만들어가는 훌륭한 운명공동체이다. 인간이 태어나서 맨 처음 관계를 맺는 것은 부모님이며 접하는 공동체는 가족이다. 가족은 삶을 시작하는 출발점이다. 가족은 소중한 존재이며 삶의 큰 의미 중 하나가 바로 '가족을 위해서'이다. 가족을 생각하는 마음이 삶의 커다란 원동력이며 희생과 인내심을 발휘하게 한다.

아무리 사람 사는 방식이 달라진다고 해도 일과를 마치고 집으로 돌아와 가족들과 함께 지내는 시간이 삶에 온기를 불어넣어 준다는 사실은 변할 수가 없다. 사랑과 웃음이 집안의 공기가 되는 가족, 서로 이해하고 아껴 주는 가족이야말로 행복한 보금자리의 주인들인 것이다.

몸이 아프거나, 남으로부터 상처를 받거나, 어려운 일이 닥치면 가족이 커다란 울타리가 되고 용기의 샘물이 된다. 가족은 절망에서 삶의 방향을 밝혀주는 희망의 등불이다. 사는 것이 힘들어도 가족의 연대감이 축소되거나 변질되어서는 안 된다. 가족이야말로 희망임을 명심하고 가족 간의 유대를 더욱 단단히 다져나가야 한다.

바쁜 일상 속에서 친구나 외부 사람들에게는 관심과 배려를 아끼지 않으면서 정작 가족에게는 타성에 젖어 소홀히 대하는 경우가 적지 않다. 예의를 갖추기는커녕 함부로 대하면서 무시한다. 가족에 대한 무관심은 죄악이다. 세상에서 가장 소중한 사람은

가족이므로 다른 누구보다도 가족에게 더 많은
친절과 배려를 행동으로 보여야 한다.

🎏 가족 사랑하기

행복한 가족관계를 형성하기 위해서는 "사랑한
다. 고맙다. 미안하다."라는 말을 자주 해야 하며
때때로 작은 선물도 하는 게 좋다. 가족의 꿈, 희망, 행복과 건강,
일, 취미에 관심을 가져야 하며 시간을 내어 함께 하고, 대화하
고, 식구들이 하는 말을 들어주고, 가정에서 하는 일을 서로 도
와야 한다. 부모님과 많은 시간을 함께하고 대화를 통해 활발한
소통을 해야 한다. 가족의 등 뒤에서 살짝 안아보면 형용할 수
없는 기쁨과 감동이 서로의 가슴에 물결칠 것이다.

가족이 언제까지 내 곁에 남아 줄지는 아무도 모른다. 인생은
짧고 소중한 사람과 함께할 시간은 더 짧다. 멀리 떠나기 전에 시
간 있을 때마다 함께 하며 즐기고 사랑해야 한다. 인생의 길목에
서 가장 오래, 가장 멀리까지 배웅해주는 사람은 가족이다. 가족
은 사랑과 나눔의 시작인 동시에 끝이다.

🎏 가정의 의미

가정은 따뜻함과 편안함을 제공하는 곳이다. 특히 자식에 대
한 부모님의 사랑은 헌신적이어서 자녀가 홀로 설 수 있을 때까지
키워주고 보살펴주는 역할을 감당한다. 가정은 부모님과 자식이
사랑의 관계로 맺어진 곳으로 자식이 배우고 익히는 교육의 장으
로서 인격 형성의 모태이며 시초가 되는 곳이다.

비스마르크(Bismarck, 1815~1898)
독일을 통일하여 독일 제국을 건설한 외교관이자 정치인.

🎬 비스마르크 어머니

• 비스마르크의 어머니는 어린 시절 비스마르크를 어떻게 교육했을까?

비스마르크는 독일제국의 초대 재상으로서 독일의 통일과 국가의 기초를 확립하는데 커다란 공을 세웠다. 그는 유명한 연설을 하였다. "독일 문제는 철과 혈(Eisen und Blut)로써 해결해야 한다." 철과 혈은 무력과 용기를 상징한다. 비스마르크를 철혈 수상이라고 부르는 것은 여기에서 유래한다. 그는 늠름한 체구에 당당한 위풍을 지니고 우렁찬 연설로 사람들을 압도하였다.

비스마르크가 독일 통일의 위업을 이룩한 원동력의 하나는 그의 특별한 건강에 있었다. 그를 건강한 몸으로 만든 것은 그의 어머니의 힘이었다. 어머니는 아들이 어렸을 때부터 건강에 관해서 세심한 주의와 노력을 기울였다. 소년 시절 아들은 음식을 씹지 않고 빨리 먹었다. 어머니는 아들의 나쁜 습관을 고쳐주려고 귀에 못이 박히도록 타일렀다. "식사할 때는 음식을 잘 씹어서 먹어야 한다." 하지만 아들은 들은 체 만 체 하였다.

어머니는 '어떻게 하면 이 악습을 고칠 수 있을까' 하고 생각하다가 하나의 묘안을 떠올렸다. 어머니는 조그만 종이에 개, 말, 아름다운 꽃, 귀여운 새를 그려서 접고 또 접어서 식탁 바구니 속에 넣어 놓았다. 아들이 식사를 할 때에 어머니는 이렇게 말했다. "바구니 속에 재미있는 것이 있으니 펼쳐 보아라." 아들은 빵을 씹으며 바구니 속에서 여러 겹으로 접혀져 있는 종이를 꺼내어 펼쳐 보았다.

어떤 때는 유명한 격언을 적어 놓기도 하고 어떤 때는 재미있는 속담을 적어 놓기도 하였다. 아들은 식사를 하면서 어머니가 그려 놓은 그림이나 써 놓은 글을 펼쳐보는 것이 즐거움이었고 마침내 천천히 식사하게 되었다. 어머니는 오랫동안 이런 방법을 써서 아들의 잘못된 식사 습관을 고쳤다. 지극히 작은 일이지만, 현명한 어머니의 지혜와 정성이 아니고서는 불가능한 일이었다.

　행복한 가정이야말로 최고의 학교이며 사랑이 가득 넘치는 가족보다 더 위대한 교사는 없다. 나무가 자랄수록 나무껍질에 새겨진 글자가 커지고 넓어지듯, 어릴 적 받은 사소한 본보기와 마음속에 새겨진 생각은 성장할수록 점점 영향력이 확대되므로 가정의 역할은 중요하다.

　가정은 생명의 산실이며 행복의 원천이다. 행복한 가정에서 상처와 아픔은 치유되고 슬픔은 나누고 기쁨은 배가 된다. 가정은 구성원 간의 희생이 없이는 영위되지 못한다. 행복한 보금자리는 구성원인 가족들이 스스로 만들어가는 것이다. 가정의 화목을 이루는 지혜를 발휘해야 한다.

　행복한 가정을 이루기 위해서는 부모는 자식을 사랑하고, 자식은 부모에게 효도하며, 형제자매는 우애 있게 지내야 한다. 호화주택에 살면서 다투며 사는 가정이 있는가 하면, 오막살이 안에서도 웃음과 노래가 끊이지 않는 가정이 있다. 가진 것은 많지 않아도 사랑이 있고, 꿈이 있고, 내일의 희망이 있으면 행복한 가정이다. 가정을 행복하게 만드는 것은 건물이나 가구에 있지 않고 오직 마음에 있고 정신 속에 있다. 좋은 집에 살려고 하기보다 행복한 가정을 이루는 데 성심을 다하는 것이 올바른 인성이다.

≪격몽요결 擊蒙要訣≫ 사친장(事親章)

(율곡 이이)

사람이 부모님께 효도해야 한다는 것을 모르는 이는 없으나, 실제로 효도를 하는 이가 매우 드문 것은 부모님의 은혜를 깊이 알지 못해서이다. ≪시경 詩經≫에 이런 말이 있다. "아버지는 나를 낳으시고 어머니는 나를 기르셨으니, 이 은혜는 하늘과 같이 넓고 끝이 없도다(父兮生我 母兮鞠我 欲報之德 昊天罔極)." 자식이 태어날 적에 성명(性命)과 혈육(血肉)이 모두 부모님이 남겨 주신 것이다. 호흡할 때에 기(氣)와 맥(脈)이 서로 통하니 이 몸은 사사로운 것이 아니며, 부모가 남긴 기(氣)이다. 그러므로 ≪시

≪격몽요결 擊蒙要訣≫
이이가 일반 학생들에게 학문의 길을 열어주기 위하여 지은 책.

경≫에 "슬프도다. 부모께서 나를 낳아 기르시느라 수고하셨네.(哀哀父母 生我劬勞)"라고 하였으니, 부모의 은혜가 어떠한가. 어찌 감히 부모에게 효(孝)를 다하지 않을 수 있겠는가. 사람마다 항상 이 마음을 가진다면 스스로 부모님 섬김에 성실할 것이다.

부모를 섬기는 사람은 한 가지 일이나 행동이라도 제 뜻대로 하지 말고 부모님의 뜻에 따라 행해야 한다. 해야 할 일이라 하더라도 부모님이 허락하지 않는다면 상세히 설명해 드려 승낙을 얻은 후에 행해야 한다. 끝내 허락하지 않는다면 제 의사대로 곧장 밀고 나가서는 안 된다.

부모님이 병환이 있으시면 근심스러운 마음과 염려하는 기색으로 다른 일을 제쳐 놓고 오로지 의사에게 묻고 약을 지어 오는 것에만 힘써야 하며 병이 나으시면 다시 평소대로 한다.

일상생활에 있어 한순간이라도 부모님을 잊지 않은 연후에야 효도라고 부를 수 있으니, 제 몸가짐이 건실하지 못하고 말하는 것에 법도가 없으며 놀면서 세월을 보내는 자는 모두 부모님을 잊은 자이다.

세월은 흐르는 물과 같아 부모님을 오래 섬길 수 없으므로 자식 된 자는 모름지기 정성과 힘을 다해야 한다. 옛사람의 시에, "하루의 부모 봉양은 삼공(三公)의 부귀와도 바꾸지 않겠다. (一日養 不以三公換)"고 하였으니, 이른바, "날을 아낀다(愛日)"는 것이 이와 같은 것이다.

이이(李珥, 1536~1584)
호는 율곡(栗谷). 조선 중기의 문신·성리학자. 저서로 ≪동호문답≫ ≪성학집요≫ 등이 있음.

정리하기

- 자식은 마땅히 어버이께 효도해야 한다.

- 부모와 자식의 관계는 천륜으로서 사랑과 효가 바탕이며 기본이다.

- 자식은 부모에 대하여 책임감과 의무감을 가지고 세심하게 보살펴야 한다.

- 효를 실천하는 것은 곧 자신의 인격을 수양하는 좋은 방법이다.

- 효도에는 부모를 정신적으로 기쁘게 해드리는 것과 육체적으로 편안하게 해드리는 것이 있다.

- 부모에게 효도할 때는 정성과 공경을 으뜸으로 해야 한다.

- 부모가 기뻐하면 집안이 화목해지면서 집안일이 잘 이루어진다.

- 효도는 부모에 대한 사랑의 표현이지 주고받는 계약이 아니다.

- 효도는 마음에서 우러나와서 해야 하며 억지로 해서도 안 된다.

- 부모는 자식에게 베풀고 주는 것에 익숙하나 자식은 부모에게 인색하기 쉽다.

- 가족은 부모와 자녀가 함께 만들어가는 훌륭한 운명공동체이다.

- 가족은 소중한 존재이며 삶의 큰 의미 중 하나가 바로 '가족을 위해서'이다.

- 가족에게 더 많은 친절과 배려를 행동으로 보여야 한다.

- 가족은 사랑과 나눔의 시작인 동시에 끝이다.

- 가정은 따뜻함과 편안함을 제공하는 곳이다.

- 행복한 가정이야말로 최고의 학교이다.

- 가정은 생명의 산실이며 행복의 원천이다.

- 가정의 화목을 이루는 지혜를 발휘해야 한다.

확인하기

1 부모님께서 나에게 자주하는 하는 말씀은 무엇인가요.

_____

_____

2 내가 어떤 말을 하면 부모님께서 좋아하실 것 같나요?

_____

_____

3 나의 부모님에 대한 자랑거리를 적어 보세요.

_____

_____

_____

4 나는 가족의 우애와 행복한 가정을 위해 무엇을 실천하고 있나요?

_____

_____

_____

_____

5 별지에 부모님께 드리는 편지를 써 보세요.

정답 1~5. 각자 작성

3 정직

📋 **학습목표**
- 정직을 해야 하는 이유를 구체적으로 이해할 수 있다.
- 양심적인 삶의 의미를 설명할 수 있다.
- 신뢰의 의미를 이해하고 신뢰를 얻는 방법을 말할 수 있다.

✕ 정직해야 하는 이유

🎬 세르반테스 어록

> 정직함은 진실을 사랑하는 마음에서 나온다. 정직함은 최고의 처세술이다. 정직만큼 풍요로운 재산은 없다. 정직은 사회생활에서 지켜야 할 최소한의 도덕률이다. 하늘은 정직한 사람을 도울 수밖에 없다. 정직한 사람은 신이 만든 것 중 최상의 작품이기 때문이다.

세르반테스(Cervantes, 1547~1616)
에스파냐의 소설가 · 극작가 · 시인. ≪돈키호테≫를 발표하여 세계적인 작가가 되었음.

어떤 상황에서나 정직이 최상의 방책이다. 정직을 희생시키는 어떤 변명도 정당화될 수 없다. 잘못을 저지른 경우에 잘못된 행위보다는 잘못을 은폐하려고 거짓말을 하다가 낭패를 당하고 더 깊은 나락으로 떨어지기도 한다. 잘못을 저지른 경우에는 정직하게 시인해야 한다.

정직해야 떳떳할 수 있다. 거짓말은 죄이며 비겁한 행위이며 바보스러운 짓이다. 거짓말은 적대시하는 마음이나 두려움, 허영심에서 비롯된 것으로 탄로 나기 마련이므로 목적을 달성할 수 없다. 거짓말을 하면 가장 괴로운 것은 자기 자신이다. 거짓말이 탄로 날까 봐 불안에 떨어야 하며 탄로 났을 때 가장 크게 상처를 입는 사람이기 때문이다.

퓰리처상(Pulitzer Prize)
매년 미국에서 언론과 문필 분야에서 뛰어난 대중적 공로와 업적을 지닌 사람을 선정하여 수여하는 상

🎬 거짓 기사

• 기사를 쓴 기자의 행동과 사후 신문사의 행동에 대해 어떻게 생각하는가?

오래 전 미국 유력 일간지에서 '지미의 세계'라는 충격적인 특종 기사를 발표했다. 그 기사는 지미라는 흑인 어린이가 부모로부터 날마다 학대를 당하는 비참한 삶을 그린 내용이었다. 그 사건을 취재하고 기사를 쓴 기자는 그 어린이의 고통을 너무도 적나라하게 기사화해 공분과 동정 여론을 자아내게 했다. 사회적으로 큰 반향을 일으킨 이 기사를 쓴 기자는 [※]퓰리처상을 받았다.

각계에서 기사를 쓴 기자에게 어린이의 소재지를 알려달라고 했지만 '취재원 보호'를 이유로 거부했다. 하지만 부모에게 학대받는 어린이를 격리하여 보호해야 한다는 여론이 빗발치면서 결국, 신문사는 기사를 쓴 경위를 밝히도록 조사하게 되었고 그 결과 그 기사가 모두 꾸며낸 허위 기사였다는 사실이 밝혀지게 되었다. 기사를 쓴 기자는 특종 기사로 스타 기자가 되고 싶은 공명심에서 거짓 기사를 쓴 것이다. 그 기자는 퓰리처상을 반납하고 엄청난 오명을 쓰고 신문사를 떠나야 했다.

자신의 언동에 대해 거짓 변명을 하거나 명예가 훼손될 것이 두려워 거짓말을 했다면 거짓말한 것 자체 때문에 저급하고 비겁한 자라는 낙인이 찍히고 삶의 나락으로 떨어진다.

어쩔 수 없이 잘못을 저질렀을 때는 거짓말을 하거나 숨기려 하기보다는 정직하게 인정해야 한다. 그렇게 하는 것이 최소한 양심에 가책을 받지 않는 태도이며 용서를 구하는 유일한 방법이다. 잘못을 숨기려고 얼버무리거나, 변명하거나, 속이려고 하는 것은 결코 좋은 방법이 아니다. 오히려 무엇을 두려워하고 있는지 사람들에게 알려주는 꼴이 된다. 양심이나 명예에 상처를 입지 않고,

삶을 영위하고 싶다면 거짓말을 하거나 속이지 말고 정직해야 한다. 그렇게 하는 것이 인간의 의무이며, 자부심을 느끼게 하고 평안을 주는 방법이다.

✗ 정직을 실천하는 양심

🎬 ≪명심보감≫ 중에서

양심을 가지고 선한 일을 행하는 사람은 봄 동산의 풀과 같아서 자라나는 것이 보이지 않으나 날로 더하는 바가 있지만, 비양심적으로 악을 행하는 사람은 칼을 가는 숫돌과 같아서 갈리어 닳아 없어지는 것이 보이지 않아도 날로 이지러진다. 양심을 가지고 행하는 행동은 인간으로서 마땅히 해야 할 일을 하는 인간의 의무이다. 미덕에는 보답이 따르듯이 악덕에는 징벌이 따른다. 양심으로 행하는 자에게는 하늘이 복을 주고 생명이 함께 하며, 양심을 저버린 자에게는 재앙을 내리며 오래 살지 못하게 한다.

남이 볼 수 없는 곳에 있다 하더라도 마치 네거리에 앉아 있는 것처럼 조심해야 한다.

≪명심보감 明心寶鑑≫
고려 때 어린이들의 학습을 위하여 중국 고전에 나온 선현들의 금언(金言)·명구(名句)를 편집하여 만든 책.

양심으로 영위된 삶은 내적으로나 외적으로 오래간다. 남이 보기 때문에 양심을 지키는 것이 아니라 자신을 위해 양심을 지켜야 한다. 남을 의식해서 행동하기보다는 스스로 양심에 따르는 행동을 해야 한다. 양심의 거울에 비추어 행동하는 것이 가장 바람직하고 값진 태도이다.

양심을 지킬 의지만 있으면 얼마든지 올바르게 행할 수 있다. 양심을 지키는 가장 좋은 방법은 양심적인 행동을 반복하는 것이다. 양심을 지키고 버리는 것은 오직 자신에게 달려있다. 양심을 지키면서 경건하고 고상한 인격을 갖추기 위해 최선을 다해야 한다.

임마누엘 칸트
(Immanuel Kant,
1724~1804)
독일의 계몽주의 사상가.
근대 계몽주의를 정점에
올려놓았고 독일 관념철
학의 기초를 놓은 철학자.

임마누엘 칸트 어록

도덕적인 행동을 해야 하는 이유는 그것이 바로 양심의 명령이며, 양심에 따라 행동하는 것이 당연한 의무이기 때문이다. 인간은 동물과 같이 욕구를 따르는 존재이나 인간으로서의 고유한 양심의 명령에 따라 도덕적 의무를 실천해야 한다.

양심적인 행동은 인간답게 살기 위해 당연히 따라야 하는 도리이자 의무이다. 양심은 커다란 목소리로 말하는 법이 없으며 강력한 의지가 없다면 양심이 무슨 말을 해도 소용없다. 양심의 소리를 무시하고 계속 나쁜 일을 저지르면 양심이 무감각해져서 비도덕적인 행동을 아무런 가책 없이 계속하게 된다.

마음속의 법인 양심이 법전보다 소중하다. 법률에 저촉되는 죄를 저지르는 것보다 양심에 어긋나는 죄를 저지르면 훨씬 더 괴롭다. 왜냐하면, 양심이 자신을 용서하지 않기 때문이다.

양심에 상처를 받지 않으려면 부끄러운 일에 관여하지 말아야하며 거짓말을 하거나 속이지 말고 잘못을 저질렀을 때는 정직하게 시인해야 한다. 성숙한 양심은 차원 높은 행복을 안겨주고, 자신을 불행하게 만드는 일을 하지 않게 한다.

정직으로 얻는 신뢰

정직과 양심을 발휘하면 신뢰를 얻기 마련이다. 불신이 팽배한 사회에서 신뢰는 핵심가치이다. 신뢰는 타인에 대해 믿음을 갖는 것이다. 신뢰는 믿음을 갖도록 행동을 했기에 가능한 것이다. 타인에게 나에 대한 믿음을 심어주고 그 대가로 얻는 신뢰는 타인의 마음을 사로잡는 감정이다.

상호 신뢰가 있어야 인간관계가 원활해진다. 신뢰가 없으면 인간관계가 유지되기 어렵다. 신뢰는 인간관계에 있어서 매우 중요하며 좋은 인간관계의 원동력이다. 신뢰하는 사람에 대하여 호감을 가지게 되고 그 사람이 말하거나 행동하는 것에 대하여 지지하고 받아들인다. 신뢰는 인간관계에서 필수적인 것으로 서로에게 믿음을 주면서 신뢰를 쌓아가야 한다.

건전한 사회는 신뢰가 바탕이 되어야 한다. 서로서로 믿어야 건전한 공동체가 이루어진다. 신뢰가 없다면 건전한 사회는 될 수 없고 지탱하기도 어려울 뿐만 아니라 개인의 삶도 견뎌내기가 어려울 것이다. 왜냐하면, 남을 신뢰할 수 없다면 결국 믿을 수 있는 사람은 자신밖에 없어 고립할 수밖에 없기 때문이다.

남을 신뢰하기 전에 먼저 자신을 신뢰해야 한다. 자신을 신뢰하지 않는 사람에게 남의 신뢰를 바라서도 안 되고 남들로부터 신뢰를 받을 수도 없다. 자신이 스스로 정직과 양심을 발휘하면서 신뢰받을만하다고 생각되어야 남도 나를 신뢰할 것이다.

남을 신뢰하면 남도 나를 신뢰할 것이다. 나를 믿게 하려면 먼저 남을 믿어야 한다. 남을 잘 믿지 못하는 사람은 자기 자신 역시 다른 사람으로부터 신뢰받지 못하고 있다는 사실을 알아야 한다.

신뢰할만한 사람이 되기 위한 기본은 일상생활의 소소한 일에서부터 바른 생각을 가지고 성실하게 살아야 한다. 말과 행동이 일치해야 하며 거짓말을 하지 않고 진실성과 진정성을 가지고 있어야 한다. 즉 약속을 잘 지키고 정직해야 한다. 지키지 못할 약속은 아예 하지 않아야 하며 거짓말은 절대로 해서는

안 된다. 독선과 아집을 부리지 말고 사과해야 할 때 진정한 마음으로 사과해야 한다.

사람은 다른 사람으로부터 신뢰를 잃으면 비참해진다. 말을 해 놓고 행동을 하지 않거나 말과 행동이 다르다면 신뢰감은 무너지고 믿을 수 없는 사람으로 취급되면서 불신을 받게 되고 주위 사람들로부터 외면당하게 된다. 신뢰를 잃어버리면 설 땅이 없게 되어 죽은 사람과 같다.

신뢰는 유리와 같아서 한 번 금이 가면 다시는 회복되지 않으며 종잇장과 같아서 한번 구겨지면 다시는 완벽해지지 않는다. 그러니 여하한 일이 있더라도 신뢰를 잃지 않도록 해야 한다.

책 읽기

《작은 사건》

(루쉰)

나는 지금도 그 일을 잊을 수 없다. 1917년 겨울, 북풍이 몰아치던 날의 일이었다. 나는 생계를 위한 일로 아침 일찍 외출하였다. 간신히 인력거 한 대를 붙들어 S문까지 가자고 하였다. 이윽고 S문에 거의 다다른 지점에서 갑자기 인력거 채에 한 할머니가 걸려 넘어졌다.

백발이 희끗희끗하였고, 옷은 남루하였다. 그녀는 길가에서 갑자기 인력거 앞을 가로질러 가려 했다. 인력거꾼이 얼른 걸음을 늦추었기에 망정이지 그렇지 않았더라면 거꾸로 넘어져서 머리를 다쳐 피를 흘렸을지도 몰랐다. 그녀는 땅바닥에 엎드린 채 있었다.

인력거꾼은 인력거를 멈추었다. 나는 그 할머니가 별로 다치지 않았으리라 생각하였다. 게다가 아무도 보고 있는 사람이 없었다. 그래서 나는 인력거꾼을 쓸데없는 짓을 하는 녀석이라 생각하였다. 일부러 그가 일을 만들어 나까지 예정을 어긋나게 하다니…. 그래서 나는 그에게 말했다. "아무 일도 아니야. 그냥 가." 인력거꾼은 들은 척도 하지 않고 인력거 채를 내려놓고 노파에게 손을 내밀어 천천히 부축해 일어서게 해 주었다. 그리고 할머니에게 물었다. "어떠세요?" 할머니가 대답했다. "부딪혀서 넘어졌단 말이야."

인력거꾼은 할머니의 말을 듣자, 주저하지 않고 그 팔을 부축한 채로 한 발 한 발 맞은편 쪽으로 걷기 시작하였다. 내가 이상히 생각하여 그쪽을 보니 거기에는 파출소가 있었다. 세찬 바람이 분 뒤라 파출소 문밖에는 아무도 서 있지 않았다. 인력거꾼은 할머니를 부축하면서 그 파출소 정문을 향하여 걸어갔다.

나는 이 순간 일종의 야릇한 감정에 사로잡혔다. 먼지투성이의 그의 뒷모습이 갑자기 커다랗게 느껴졌다. 그리고 멀어져감에 따라 더욱 더 커져서 우러러보지 않으면 보이지 않을 것같이 느껴졌다. 이 작은 사건은 언제나 나의 뇌리에서 사라지지 않고, 때로는 전보다 더욱 선명하게 나타나, 나를 부끄럽게 만들고, 나를 격려하며, 나에게 용기와 희망을 북돋워 주는 것이었다.

루쉰(魯迅, 1881~1936)
중국의 소설가이자 사상가. 《아Q정전 阿Q正傳》 《광인 일기 狂人日記》 등의 저서가 있음.

• 인력거꾼의 행동에 대해 어떻게 생각하는가?

정리하기

- ⦿ 어떤 상황에서나 정직이 최상의 방책이다.

- ⦿ 정직해야 떳떳할 수 있다.

- ⦿ 잘못을 저질렀을 때는 정직하게 인정해야 한다.

- ⦿ 양심으로 영위된 삶은 내적으로나 외적으로 오래간다.

- ⦿ 양심에 따라 행동하는 것이 바람직하고 값진 태도이다.

- ⦿ 양심을 지키고 버리는 것은 오직 자신에게 달려있다.

- ⦿ 양심을 지키면서 고상한 인격을 갖추기 위해 최선을 다해야 한다.

- ⦿ 양심적인 행동은 당연히 따라야 하는 도리이자 의무이다.

- ⦿ 마음속의 법인 양심이 법전보다 소중하다.

- ⦿ 양심에 상처를 받지 않으려면 부끄러운 일에는 관여하지 말아야 한다.

- ⦿ 정직과 양심을 발휘하면 신뢰를 얻기 마련이다.

- ⦿ 상호 신뢰가 있어야 인간관계가 원활해진다.

- ⦿ 건전한 사회는 신뢰가 바탕이 되어야 한다.

- ⦿ 남을 신뢰하기 전에 먼저 자신을 신뢰해야 한다.

- ⦿ 남을 신뢰하면 남도 나를 신뢰하게 된다.

- ⦿ 신뢰할만한 사람이 되기 위해서는 바른 생각을 가지고 성실하게 살아야 한다.

- ⦿ 말과 행동이 일치해야 하며 거짓말을 하지 않아야 한다.

- ⦿ 사람은 다른 사람으로부터 신뢰를 잃으면 비참해진다.

- ⦿ 여하한 일이 있더라도 신뢰를 잃지 않도록 해야 한다.

확인하기

1 거짓을 행하고 발각되면 그 결과는 어떻게 되나요?

_____

_____

2 양심을 속인 일이 있다면 자신에게 고백하는 편지를 써 보세요.

3 신뢰할만한 사람으로 평가받기 위해서는 어떤 행동을 해야 하나요?

_____

_____

_____

정답 1~3. 각자 작성

4 책임

📖 **학습목표**
- 책임과 솔선수범하는 자세를 이해할 수 있다.
- 의무를 다하는 자세를 이해할 수 있다.
- 자신에 대한 책임인 성실의 의미를 이해할 수 있다.

🎏 책임지는 자세

🎬 책임지는 취임사

초등학교를 졸업한 유명 정치인이 엘리트 관료들로 구성된 부처의 장관이 되었다. 부처의 관리들은 그를 무시하는 분위기였다. 그는 장관 취임사 한마디로 우려와 불만을 일거에 해소했다.

"여러분은 천하가 알아주는 수재들이고, 나는 초등학교 밖에 나오지 못한 사람입니다. 더구나 부처의 일에 대해서는 잘 모릅니다. 부처의 일은 여러분들이 하십시오. 나는 책임만 지겠습니다."

나중에 이 정치인은 총리가 되었다.

권한 행사보다는 책임지는 자세를 취해야 한다. 책임감을 가진 것과 가지지 않은 것은 천양지차이다. 책임감을 가지고 임무에 임하면 꼭 해내야 하며 해내고야 말겠다는 자세로 주어진 일을 완수하지만 책임감을 가지지 않으면 대충대충 일을 처리하고 만다. 책임감을 가진 사람은 일이 잘못되면 자신의 잘못이 무엇인가를 반성하면서 다시는 같은 실수를 반복하지 않지만 아무런 책임도 느끼지 않는 사람은 자신의 잘못을 인정하거나 반성하지 않고 남의 탓으로 돌리므로 같은 실수를 반복하게 된다.

🎬 ≪중용≫ 중에서

> 활쏘기는 군자의 태도와 비슷함이 있으니 그 정곡을 맞히지 못하면 돌이켜 그 원인을 자신에게서 찾는다. 나를 먼저 바르게 하고 남에게 책임을 구하지 마라. 그러면 누구에게도 원망을 사지 않을 것이다. 위로는 하늘을 원망하지 말고, 아래로는 남을 허물하지 마라.

≪중용 中庸≫
어느 한쪽에 치우침이 없는, 즉 지나치거나 모자람이 없으며(中), 항상 변함이 없는 도리(庸)를 설명한 책.

궁수가 화살을 명중시키지 못한 것은 과녁 탓이 아니므로 제대로 맞히고 싶으면 실력을 쌓아야 한다.

일하다 보면 잘 되는 경우도 있고 잘못되는 경우도 있다. 잘못되는 경우에는 그 원인이 분명히 있을 것이다. 판단을 잘못하여 그런 결과가 빚어진 경우도 있고 여건이나 상황 때문에 그런 결과를 초래했을 수도 있다. 책임을 져야 할 상황이 발생했을 때는 일단 책임지는 자세를 보여야 한다. 자신이 관여한 일이라면 설사 객관적으로 책임이 없다고 하더라도 일정 부분 책임지는 자세가 필요하다. 이런 자세는 자신이 고칠 점은 없는지를 고민하고 노력하는 계기가 된다.

사람들은 대개 성공은 자기의 공으로, 실패는 타인에게 돌리는 것이 일반적이다. 하지만 '책임은 나에게'라는 정신을 가지고 자신이 책임질 때는 자기 몫 이상을 지고, 공을 세웠을 때는 자기 몫 이상을 주위에 돌려야 한다. 그렇게 하면 주변으로부터 신망을 얻을 수 있다.

🎬 도산 안창호 선생 어록

> 책임감이 있는 이는 역사의 주인이요, 책임감이 없는 이는 역사의 객이다.

안창호(安昌浩, 1878~1938)
호 도산(島山), 독립운동가 · 교육자.

책임감을 느끼지 않고 사는 삶은 진실한 삶이 아니다. 삶을 영위하면서 어떤 상황이나 어느 위치에 있든 주어지는 권한을 누리기보다는 책임감을 강하게 느껴야 한다. 책임져야 할 상황이 발생했을 때는 책임을 회피하지 말고 져야 한다. 특히 영향력이 있는 사람이 권한만 행사하고 막상 문제가 생기면 주변 사람이나 아랫사람의 책임으로 돌리는 것은 비겁한 행위이며 공동체 발전의 저해 요인이다. 영향력이 있는 일을 할수록, 중요한 일을 할수록 더욱 무거운 책임감을 느껴야 한다.

책임감이 강한 사람이 되기 위해서는 책임감 있는 행동과 말하는 습관을 지녀야 하며, 공과 사를 구분하여 사적인 이익을 추구하지 않아야 하며, 해야 할 일을 미루지 않아야 한다. 자신의 임무를 주변에 알리는 것도 좋은 방법이다. 이는 스스로 주변의 관심을 의식하면서 자신의 책임을 확인하고 완수하기 위한 사명감으로 더욱 열심히 하게 된다.

❈ 솔선수범하는 자세

솔선수범은 사람들이 신뢰하고 자발적으로 따르게 하는 원동력이다. 솔선수범하면 사람이 따르지만, 솔선수범하지 않으면 사람들이 따르지 않는다. 솔선수범을 보여야 신뢰를 쌓을 수 있다. 사람은 말보다는 행동을 주시하면서 감동적인 행동을 보고 마음이 움직인다. 행동이나 실천 없이 구호만 내세우는 사람에 대해서는 진정성이 없는 사람으로 치부해버린다.

인간관계에 있어서 미사여구만 남발해서는 안 되며 언행이 일치해야 한다. 사람들은 저 사람이 과연 저런 말을 할 자격이 있는지를 따져본다. 아무리 좋은 말도 행동과 일치하지 않는 사람의 입에서 나오는 말은 위선자의 거짓말처럼 들린다.

　스스로 단속하여 자신의 행실을 올바르게 가져야 한다. 헌신하고 노력하고 정직한 모습을 보이는 사람에게는 그와 비슷한 사람이 모이고 그렇지 못한 사람에게는 잘못된 생각이나 행동을 하는 사람이 모인다. 자신이 올바르게 행동하면 주위 사람들이 따르겠지만, 자신이 부정한 행동을 하면 아무리 좋은 말을 해도 따르지 않을 것이다.

　어떤 말이나 글보다도 몸소 행동으로 실천하는 솔선수범이 큰 가르침이며 영향력도 크다. 먼저 해 보이고, 들려주고, 시키고, 책임져야 한다. 평소 바른 마음, 바른 말씨, 바른 행동을 보이면 주위 사람들도 그런 사람들이 모이고 그렇게 따라한다. 힘든 일이 생길 때마다 직접 나서서 모범을 보이면서 주위 사람들을 격려해야 한다.

　솔선수범으로 모범을 보이는 사람은 주위 사람에게 힘든 일이 생기면 나서서 격려와 도움을 줄 뿐만 아니라, 설령 자신에게 어려움이 닥치더라도 주위 사람들과 함께 어려움을 감내하면서 극복해 나간다.

✖ 의무

🎬 투철한 임무 완수

• 전령은 어떻게 자신의 임무를 완수했을까?

유방(劉邦, BC 247~BC 195)
고대 중국 한(漢)의 초대 황제(재위: BC 202~BC 195). BC 202년 항우를 토벌하고 전한(前漢)을 세워 태조(太祖) 고황제(高皇帝)가 됨.

> 고대 중국 전국시대에 유방이 항우와 싸울 때의 일이다.
> 유방의 부하 장수인 번쾌가 이끄는 부대가 항우의 부대에 포위되어 일촉즉발의 위기에 처해 있었다. 번쾌는 전령에게 상급 부대에 구원 요청을 하도록 명령했다. 책임을 진 전령은 미치광이로 가장하고, 발각되었을 때의 안전과 비밀보장을 위하여 스스로 자기 입속에 불덩어리가 된 숯덩이를 집어넣어 벙어리가 되게 했다.
> 전령은 얼마 가지 않아서 적에게 체포되어 심문을 받게 되었는데 미친 벙어리로 인정되어 무사히 석방되었다. 그는 마침내 맡은 바 임무를 완수하였고, 번쾌는 원군을 받아 그 전투에서 크게 승리하여 열국을 통일시키는 데 큰 역할을 했다.

항우(項羽, BC 232~BC 202)
고대 중국 진(秦) 말기의 군인. 진왕 자영을 폐위시켜 주살한 후로 서초 패왕(西楚 覇王)에 즉위. 유방의 도전으로 싸우다가 자결했음.

의무를 다하는 것은 삶의 본질이다. 인생의 진정한 기쁨은 의무를 깨닫는 데서 비롯되어 의무를 다할 때 느낀다. 어떠한 상황에 부딪치든 어떤 대가가 따르든 의무를 다한 사람은 결코 후회하거나 실망하지 않는다.

의무를 수행한다는 것은 자신을 헌신하는 것이다. 특히 성공한 사람은 자신이 속한 공동체가 기회를 준 것이므로 성공을 너무 개인화하지 말고 자신이 할 수 있는 의무를 다해서 돌려주어야 한다. 개인적인 성공만을 추구하는 것이 아니라 사명감을 가지고 공동체에 도움이 될 수 있는 일을 해야 한다. 특정한 효과를 노리고 의무를 이행해서는 안 된다. 명예나 영광, 보상을 생각하지 말고 마땅히 해야 할 일을 최선을 다해 수행해야 한다.

의무감이 강한 사람은 말과 행동이 진실하다. 옳은 것을 옳은 방법으로 옳은 시기에 말하고 행한다. 의무감은 옳은 일을 행하고 그릇된 일을 하지 못하게 하여 인생길을 평탄하게 한다. 정직하고 친절하며 진실하게 살아갈 힘을 준다. 유혹을 물리치고 악을 행하지 않고 선을 행하고자 노력할 때 조금씩 자신이 되고자 하는 사람이 되어간다.

의무감은 삶의 버팀목 역할을 한다. 어려움을 극복할 힘과 목표한 바를 이루어낼 힘을 기르고 쓰러지지 않도록 지탱해주며 사람을 강하게 만든다. 의무감이 없으면 시련이나 유혹이 닥치는 순간 흔들리게 되고 결국에는 쓰러지게 된다. 반면 의무감으로 무장하고 있으면 나약한 사람도 강해질 수 있고 용기를 발휘할 수 있다.

다음과 같은 문제들을 자문해 보자. '나는 가족과 사회와 국가, 그리고 인류를 위해 조금이라도 이바지하고 있는가?' '나는 누군가의 인생에 긍정적인 변화를 주고 있는가?' 자신이 살아가는 세상을 위해 의무를 다한다는 마음으로 살아가야 한다.

자신에 대한 책임 : 성실

제임스 가필드의 10분

- 제임스 가필드가 경쟁자에게 이기기 위해 기울인 노력은 무엇일까?

제임스 가필드는 대학에 다닐 때 공부를 잘하는 친구를 이기기 위해 열심히 노력했지만 번번이 지기만 했다. 친구와 함께 기숙사에서 생활하던 가필드가 하루는 친구의 방에 들렀는데 한 가지 중요한 사실을 깨달았다. 바로 그 친구 방의 불이 언제나 자신의 방보다도 10분 늦게 꺼진다는 사실이었다.

제임스 가필드 (James Garfield, 1831~1881) 미국의 20대 대통령

> 그 후, 가필드는 10분을 더 공부하여 결국 좋은 성적을 내게 되었다. 훗날 대통령으로 취임했을 때 그는 당시를 회상하며 말했다. "10분을 잘 활용하십시오. 그러면 이 10분이 모든 일을 성공으로 이끄는 원동력이 될 것입니다!"

지금보다 더 나아지고 싶다면 더욱더 노력을 기울여야 한다. 자신이 할 수 있는 일과 할 수 없는 일이 무엇인지 알아야만 최선의 능력을 발휘할 수 있다. 할 수 없는 일을 알아야 그 일에 발목이 잡히지 않으므로 할 수 없는 일이 무엇인지 파악해야 한다. 그것이 할 수 있는 일을 아는 것보다 훨씬 중요하다.

자신의 능력으로 잘할 수 있는 일이 있고, 아무리 노력해도 잘할 수 없는 일이 있다는 것을 깨닫고 인정해야 한다. 자신의 능력으로는 도저히 잘할 수 없는 일에 도전하거나 매달려 있다면 인생의 낭비다. 자신의 능력으로 잘할 수 있는 일에 집중한다면 인생은 풍요로워진다. 잘할 수 있는 일을 찾아야 한다. 최선을 다한다는 생각을 가지고 자신의 능력을 최대한 발휘할 수 있는 일에 종사해야 한다.

꿈을 실현하는 사람은 자신이 평생을 바쳐 할 수 있는 일을 찾아내고 그 일에 집중하여 성과를 내는 사람이다. 진정으로 좋아하면서 잘할 수 있는 일을 택하고 인생의 황금기를 투자해야 한다.

인권에는 여러 가치가 포함되는데 그중 자유와 평등은 핵심적인 가치이다. 인권을 누리기 위해서는 자유가 보장되어야 한다. 인간은 누구나 구속으로부터 벗어나 자신의 생명을 유지하고 이상을 추구하며 도덕적 존재로서 살아가고자 한다. 이러한 자유의 권리가 보장될 때 인간의 존엄성도 실현될 수 있다

인권 실현을 위한 평등의 보장도 중요하다. 인간은 누구나 동등한 존재이다. 따라서 인종, 피부색, 성별, 종교, 사회적 지위 등을 이유로 차별받아서는 안된다. 과거에 백인이 흑인을 노예로 부리며 인간다운 대접을 하지 않은 것은 흑인들의 인권이 평등하게 보장받지 못한 사례이다

자신의 인권뿐만 아니라 다른 사람의 인권에도 관심을 가져야 한다. 자신의 권리가 소중하듯이 다른 사람의 권리도 소중하다. 다른 사람의 권리를 존중하고 지켜주어야 하고 누구나 차별받지 않는 인간다운 삶을 누리는 사회를 만들어가야 한다.

존중의 의미

존중은 자신에 대한 자긍심을 가지고 타인의 개성과 다양성을 인정하여 배려하는 마음으로서 주요한 인성덕목이다. 존중이란 상대방을 높이 받들고 소중하게 여기는 것으로 공동체 유지와 발전을 위해 사람이 갖춰야 할 도덕적 요건이다. 사람이 살면서 가족 간에, 친구 간에, 이웃 간에, 생활에서의 모든 인간관계에서 서로 이해하고 존중하는 마음을 가져야 한다.

칸트 어록

> 나 자신에게나 다른 사람에게나 인간을 언제나 목적으로 대우하고 결코 수단으로 대우하지 말아야 한다.

나를 포함한 모든 인간을 한 인격체로 존중하는 것은 인간의 마땅한 의무이다. 인간이 존엄하다는 것은 다른 어떤 것과도 비교할 수 없을 정도로 소중한 가치를 지니고 있다. 존중은 자기 존중과 타인 존중으로 분류할 수 있다.

자기 존중

자기 존중은 자신의 특성에 대해 긍정적인 가치를 부여하는 것으로 자신을 있는 그대로 받아들이고 소중하게 여기는 것이다. 자기 존중은 모든 도덕적 행위의 출발점으로 자신의 도덕적 권리와 자신의 도덕적 의무에 대해 올바르게 인식하는 것이다.

자기 존중은 타인 존중의 첫걸음이다. 자신을 소중하게 여기지 않는 데 타인을 소중하게 여길 수 없다. 자신을 소중하게 여길 때, 타인도 소중한 존재라는 것을 깨닫게 된다. 자신을 존중하면서 자신이 부족하거나 잘못할 수도 있다는 것을 인식할 때, 타인도 역시 부족할 수도, 잘못할 수도 있다는 점을 이해하면서 존중하게 되는 것이다.

타인 존중

타인 존중은 인간 존엄의 정신을 발현하는 것으로 다른 사람의 개성, 습관, 생각, 가치관, 감정 등에 관심을 가지는 것이며 이

해하고 받아들이는 것이다. 다른 사람을 대할 때의 태도 원리로
서 상대방에게 감사하는 것이며, 상대방을 믿는 것이며, 상대방
의 입장에서 사안을 바라보는 것이다.

진정한 타인 존중은 다른 사람 그 자체를 존중하는 것으로 존
엄성과 권리를 가진 사람으로 대우하는 것이다. 상대방과 비록
생각이 다르더라도 상대방의 생각을 무시하거나 자의적으로 판단
하지 않고 인정하는 것이다.

🎬 미국 커뮤니케이션 전문가 조나단 로빈슨 어록

> 상대방을 존중하는 것이 무조건 상대방 의견에 동의하거나, 나 자신
> 은 틀리고 상대방은 옳다는 것을 뜻하는 것은 아니다. 상대방의 말과
> 행동을 인격적으로 존중해 주는 것으로 상대방의 입장과 상대방이 옳
> 다고 믿고 있는 사실을 당연히 그럴 수 있다고 귀 기울이고 받아들이
> 는 것이다.

존중은 상대방에게 다가가기 위한 최소한의 노력으로 인간관계
의 바탕이며 출발점이다. 자기 생각만을 고집하는 편협한 태도를
가진다면 바람직한 인간관계는 형성되지 못한다. 존중하는 마음
이 없다면 관계는 불편해지고 감정이 상한다. 서로의 견해가 다
른 경우에 상대방의 의견을 이해하고 존중하는 마음을 가진다면
원만한 관계를 유지하고 발전시킬 수 있다. 상대방에 대한 존중
을 생각뿐만 아니라 행동에서도 보여주어야 한다.

존중은 지지와 수용을 촉진한다. 존중하는 사람에 대하여 매
력을 느끼고 그 사람이 말하거나 주장하는 것에 대하여 지지하
고 받아들이는 것이다. 사람은 존중을 느끼는 사람을 좋아하고
만나기를 원한다.

🎬 벤저민 프랭클린 어록

> 상대방이 귀에 거슬리는 말을 할지라도 도리어 그것을 적극적으로 받아들이고 상대방의 의견을 존중하고 있다고 표현하는 것이다. 그러면 상대방도 나의 의견을 존중해 준다.

타인 존중은 자신에게 돌아온다. 가는 말이 고와야 오는 말이 곱듯이 상대방을 존중하면 존중하는 마음이 돌아오는 것이다. 상대방을 낮추고 자신을 올리려고 해서는 안 된다. 상대방을 무시하면 자신도 무시당하게 되어 있다. 내가 다른 사람을 이해하고 인정하면 그 사람도 나를 이해하고 인정해 준다. 타인 존중을 발휘하여 자신도 상대방으로부터 존중을 받아 인격을 높여야 한다.

✾ 상호 존중

상호 존중을 하기 위해서는 세상에는 저마다 다른 성격을 가진 사람들의 다양한 삶이 있다는 것을 이해해야 한다. 사람들이 살아오면서 축적한 경험과 지식이 서로 다르기 마련이다. 서로의 다름을 받아들이면서 때로는 각자가 가지고 있는 상식조차 다를 수도 있다는 유연한 사고방식을 가져야 한다.

'나는 옳고 너는 틀렸다'는 일방적인 단정을 경계하고 독선과 아집을 부려서는 안 된다. 상대방의 의견을 존중하지 않고 나만의 시각이나 그릇의 크기로 판단해서는 안 된다. 자기 생각과 다른, 때로는 반대되는 생각을 이해하고 받아들이겠다는 마음과 태도를 가져야 하며 자신의 입장과 상대방의 입장에서 동시에 사안을 바라보아야 한다. 그러면 서로 간에 신뢰가 쌓이면서 상호 존중하는 관계가 된다.

🎬 공자 어록

> 자기 자신을 존중함과 같이 남을 존중하자. 남이 자기 자신에게 해주기를 원하는 바 그것을 남에게 해줄 수 있는 사람은 진정한 사랑을 아는 사람이다. 이 세상에 그 이상 가치있는 것은 없다. 이것이 처세하는 최상의 비법인 것이다.

건전한 인간관계는 상호 존중이 바탕이 되어야 한다. 상호 존중을 해야 인간관계가 유지되고 발전한다. 자신이 상대방으로부터 존중을 받으려면 인격적인 사람이 되어야 한다. 존중은 존경심의 발로이므로 존경을 받을 수 있는 마음씨를 가지고 행동해야 한다. 도와줄 때는 따뜻한 마음으로, 지적할 때는 진실한 마음으로, 가르칠 때는 이해하는 마음으로 해야 한다.

상대방에게 관심을 가지고 배려해야 하며 예의를 갖추어야 한다. 관심과 배려는 타인 존중의 기본적인 자세이며 예의는 존중하는 마음의 표현이다. 상대방의 말을 경청해야 하며 관용의 자세를 가져야 한다. 경청은 상대방에 다가가는 것이며 관용은 상대방의 생각과 가치를 존중하면서 너그럽게 받아들이는 것이다.

🔆 존중이 바탕인 인간관계

🎬 아리스토텔레스 어록

> 인간은 사회적 동물이다. 인생의 모든 것이 남들과의 인간관계이다.

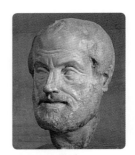

아리스토텔레스
(Aristoteles,
BC 384~BC 322)
고대 그리스 최대의 철학자. 플라톤의 제자이며, 알렉산더 대왕의 스승.

인간은 자기 자신으로만 존재할 수 없으므로 다른 사람들과 상호 교류하며 살아가야 한다. 기쁨, 슬픔, 성공, 실패를 함께 나눌 수 있는 가족, 친구, 연인, 동료가 필요하고 중요하다.

인간관계에 있어서 가족과의 관계는 선택의 여지가 없는 필연적인 관계이지만 대부분의 인간관계는 만남이라는 인연에 의해서 이루어진다. 진정한 만남은 상호 간의 눈뜸이다. 영혼의 진동이 없으면 그건 만남이 아니라 한때의 마주침이다. 살다 보면, 걷다 보면, 스치다 보면 아주 짧은 순간 서로 알아보고 운명적인 만남이 되어 삶 전부를 나누는 인연이 된다.

인간관계를 원숙하게 하는 길은 변화와 성장의 여정이다. 처음에는 단순한 시선의 교환, 솔직한 대화, 변화된 태도, 손을 내뻗침 등으로 시작하지만, 자신을 열리게 하고 깨이게 하면서 삶에 즐거움과 활력을 주고 성장시키는 축복이 된다. 인간관계를 맺는다는 건 그 사람의 과거 경험과 현재 위치와 다가올 미래 위상과 함께 만나는 것으로 그 사람의 일생을 만나는 것이다. 한순간의 섬광 같은 인연이 삶의 방향과 인생을 결정할 수 있다.

쿠르베 〈만남〉

작은 인연을 소중히 하는 것이 인생을 풍요롭게 하는 결정적인 계기가 될 수 있다. 함께 있어서 즐겁고 뭔가 얻고 배울 수 있는 사람과 인간관계를 맺어야 한다. 좋은 사람을 만나는 것은 인생에서 중요한 일이다. 좋은 인간관계를 맺으면 잘되지만, 잘못된 인간관계를 맺으면 평생 헤어날 수 없는 늪에 빠지기도 한다. 누군가 앞길에 재를 뿌리는 사람이 있다면 꿈이 날아갈 수 있으므로 멀리해야 한다. 인간관계를 맺을 때 인생 항해에 순풍 역할을 할 사람인지, 움직이지 못하게 하는 닻의 역할을 할 사람인지 생각해 보아야 한다.

인간관계는 자신이 한만큼 되돌아온다. 먼저 관심을 가지고 다가가고, 공감하고, 칭찬하고, 웃으면 그 따뜻함이 자신에게 다시 돌아오는 것이다. 인간관계는 춤을 추듯 리듬을 타고 상대방을 배려하고 존중해야 한다. 상대방의 스텝에 자신을 맞추어야 원활하게 이루어진다. 상대방에 대한 존중과 배려로 훈훈한 인간관계를 유지해야 한다.

인간관계를 깨트리는 요소는 비판과 경멸, 변명과 책임회피다. 상대방의 장점보다 단점이 먼저 보이면 인간관계에서 실패한다. 상대방의 장점을 먼저 보는 연습은 좋은 인간관계의 씨앗이다. 인간관계가 좋지 않다면 자신에게 물어보라. 비판을 많이 하고 자주 비웃거나 경멸하는 태도는 없는지, 변명으로 일관하거나, 책임을 회피하는지 살펴보아야 한다.

사람의 인간관계는 등산길이다. 발길을 자주 하면 길이 만들어지지만 줄이거나 끊기면 사라진다. 정성으로 만나면 건강한 인간관계인 등산길이 되지만 정성을 다하지 않으면 잡풀이 길을 덮어버려 등산길이 끊기듯이 인간관계가 단절된다. 그러므로 좋은 인간관계를 지속시키기 위해 최선의 노력을 다해야 한다.

누구를 아느냐가 참 중요해

지금 청소년인 너는 사람을 아는 범위가 가족, 친지, 선생님, 친구 등 한정적일 수 있겠지만 성장할수록 아는 사람의 범위도 점점 늘어나지. 지금 가만히 생각해 봐. 비록 한정적인 사람이긴 하지만 네게 얼마나 많은 영향을 끼치는지 말이야. 학교에서 네가 좋아하고 존경하는 선생님이 있으면, 그 과목의 공부는 다른 과목보다 더 열심히 하여 성적이 좋게 나오는 경우가 많아. 그만큼 인간관계가 네 행동에 큰 영향을 미치는 거지. 반면에 좋아하지 않는 선생님의 과목은 괜히 공부하기가 싫어져서 성적이 좋지 않은 경우가 많지.

누구나 삶을 영위하면서 많은 사람과 인간관계를 맺지. 어쩌면 삶을 규정하고 중요한 것은 네 노력도 중요하지만, 인간관계도 매우 중요해. 너는 앞으로 성장함에 따라 점점 많은 사람과 관계를 맺고 살아가면서 더욱 더 느끼게 될 거야. 좋은 인간관계를 맺으면 좋은 삶이 전개되지만 나쁜 인간관계를 맺으면 삶의 걸림돌이 되어 휘청거리게 되지.

앞으로 성장하여 사회생활을 시작하는 데에는 네 실력과 의지가 좌우하지만, 이에 못지않게 인간관계가 성취하는데 결정적인 계기가 되는 거야. 예를 들어 자격시험이나 고시에 합격하거나 기업에 입사하기까지는 열심히 실력을 쌓는 것이 우선이겠지만 합격한 후 동료와의 원만한 인간관계와 상사로부터 인정을 받는 인간관계가 결정짓는 것처럼 말이야.

인간은 사회적 동물로 인간관계는 공기만큼 중요하지. 너 자신만으로는 존재할 수 없으며 다른 사람들과 상호 교류하며 살아가야 해. 인간은 불완전한 존재라는 사실, 타인과의 협력으로 비로소 그 불완전함이 채워질 수 있다는 사실을 겸허하게 받아들여야 해.

네가 알고 있는 사람이 어떤 수준인지, 얼마나 많은 사람을 알고 있는지, 알고 있는 사람이 얼마나 다양한 분야의 사람인지가 네 인생을 결정하는 거야. 삶의 중요한 전환점은 다른 사람들과의 관계에서 생기지. 누군가의 작은 참여, 한마디의 충고, 한 가지 행동 등으로 인생행로가 바뀌어 버리는 경우가 허다해. 그러니 좋은 사람과 인간관계를 맺는다는 것이 얼마나 중요하겠어.

제임스 콜만은 인간관계를 또 다른 형태의 자본인 '사회 자본(Social Capital)'이라고 칭했어. 인간관계라는 사회 자본은 돈처럼 당장 환급되지는 않지만, 차츰 축적되는 자본이야. 한 사람 한 사람 알아가면서 인간관계의 폭을 점점 넓혀나가는 것이 어쩌면 그 영향력이 돈보다 훨씬 강할 수 있어. 세상을 살다 보면 돈으로 해결할 수 없는 일이 허다하지. 이때 누군가를 앎으로써 고민했던 문제가 쉽게 해결되는 경우가 많지.

네가 사회에 진출하게 되면 인간관계에 의해서 막대한 이익이 창출되는 프로젝트를 성사시킬 수도 있어. 그러므로 인간관계는 돈보다도 더 중요한 자본의 구실을 할 수도 있는 거야.

바람직한 인간관계를 통한 사회자본의 축적은 현대 사회에서 절실해. 인간관계가 꿈을 이루는 핵심이자 열쇠이기 때문이야. 개인적으로만 노력하여 꿈을 이루기는 쉽지 않아. 인간관계를 질적 양적으로 좋게 갖는 것이 결정적인 요인이 되는 경우가 많아. 너에 대하여 긍정적인 생각을 하는 사람이 많을수록 꿈을 실현할 수 있는 확률은 높아지지. 꿈을 이루고 싶다면 좋은 인간관계를 많이 가질수록 그리고 도움이 되는 사람을 많이 알아둘수록 가능성은 더욱 커질 거야.

현대 사회는 누구를 아느냐, 즉 Know Who의 시대로 아는 사람들과 그들에게 비치는 너의 이미지가 중요하지. 삶은 인간관계에 따라 결정되는 경우가 많아. 그러니 좋은 감정을 가지고 허물없이 지내는 좋은 인간관계를 나누는 사람들을 많이 알아두어야 하겠지. 작은 인연을 소중히 하는 것이 어쩌면 인생을 풍요롭게 하는 결정적인 계기가 될 수도 있어. 함께 있어서 즐겁고 뭔가 배울 수 있는 사람과 인간관계를 맺어야 해.

인간관계를 잘하려면 원칙, 긍정, 지속, 축적, 만족의 5가지 덕목이 필요해. 원칙은 상호 관계를 단단하게 만드는 것으로 서로가 지켜야 할 내용이며 긍정은 서로에 대한 신뢰로 상호 인정과 존중이 바탕이 되어야 해. 지속은 관계가 일회성이 아니라 지속될 때 인간관계가 형성되는 거지. 지속하지 않으면 단순한 만남에 지나지 않아. 축적은 관계가 지속할수록 서로에 대한 신뢰와 믿음이 축적되고 더욱 발전된 관계로 나아가는 거야. 만족은 관계가 즐거워야 관계가 유지되고 발전된다는 뜻이지. 일방적인 만족이 아니라 상호 만족하고 기쁨을 나누는 거야. 끝으로 학창시절을 통해 너에게 평생 큰 힘이 될 수 있는 교우 관계를 잘 맺기를 당부하마.

정리하기

◉ 인권은 인종, 성별, 나이, 사회적 지위, 경제력, 신체적 조건 등의 차이와 상관없이 누구나 인간답게 살아갈 권리이다.

◉ 인간 존엄성을 실현하기 위해서는 인권이 보장되어야 한다.

◉ 인권은 자유와 평등이 핵심적인 가치이다.

◉ 존중은 자신에 대한 자긍심을 가지고 타인의 개성과 다양성을 인정하여 배려하는 마음이다.

◉ 자기 존중은 자신의 특성에 대해 긍정적인 가치를 부여하는 것이다.

◉ 자기 존중은 타인 존중의 첫걸음이다.

◉ 타인 존중은 다른 사람의 개성, 습관, 생각, 가치관, 감정 등을 이해하고 받아들이는 것이다.

◉ 상대방에 대한 존중을 생각뿐만 아니라 행동에서도 보여주어야 한다.

◉ 타인 존중은 자신에게 돌아온다.

◉ 상호 존중의 출발점은 서로의 다름을 받아들이면서 이해하는 것이다.

◉ 자신의 입장과 상대방의 입장에서 동시에 사안을 바라보아야 한다.

◉ 건전한 인간관계는 상호 존중이 바탕이 되어야 한다.

◉ 상대방에게 관심을 가지고 배려해야 하며 예의를 갖추어야 한다.

◉ 상대방의 말을 경청해야 하며 관용의 자세를 가져야 한다.

◉ 관용은 상대방의 생각과 가치를 존중하면서 너그럽게 받아들이는 것이다.

◉ 인생을 살아가면서 어떤 사람과의 인간관계를 맺는 것은 중요하다.

◉ 좋은 사람을 만나는 것은 인생에서 중요한 일이다.

◉ 인간관계는 자신이 한만큼 되돌아온다.

확인하기

1 인류의 보편적 가치로서 인간 존엄성이 실현되어야 하는 이유를 서술하시오.

_____

2 나를 소중히 여기기 위해 어떤 태도를 지녀야 할까요?

_____

3 만약 상대방이 나를 존중하지 않는다면 나는 어떻게 해야 할까요?

_____

4 세상에는 다양한 사람들이 함께 살아가고 있습니다. 나와 다른 생각을 하거나 다른 문화에서 살았던 사람과는 어떻게 어울려야 할까요?

_____

5 다음 중에서 인간관계와 관련된 내용을 바르게 설명한 것이 아닌 것은 무엇인가요?

① 인생의 중요한 전환점은 인간관계에서 생긴다.
② 재능이 많은 사람도 누군가 뒷받침이 되어 주어야 꿈을 이룰 수 있다.
③ 인간관계는 질적으로만 좋게 가지면 된다.
④ 현대 사회는 누구를 아느냐, 즉 Know Who의 시대이다.

6 친구가 내 입장을 알아주지 않아 속상했던 경험을 적어 보세요.

_____

6 배려

📖 **학습목표**
- 배려의 의미와 내용을 이해하고 설명할 수 있다.
- 배려의 형태인 이타심, 친절, 용서에 대한 내용을 설명할 수 있다.
- 이타적인 삶의 자세에 대한 논술을 작성할 수 있다.

✖ 배려의 의미

현대 사회에서 이기주의가 팽배하고 배려심이 퇴색되고 있는 상황에서 배려를 실천하는 것은 주요한 인성덕목이다. 배려는 인간만이 나눌 수 있는 아름다운 미덕으로 상대방의 처지나 형편을 헤아려 기쁘게 하고 보살펴 주려는 마음을 가지고 행동하는 것이다. 반드시 해야 할 의무를 지닌 것이 아니지만, 의무보다 한 단계 높은 마음 씀씀이이다.

나와 함께 존재하는 다른 사람을 위해 가만히 손을 내미는 것이며, 사소하고 단순한 것이라도 배려는 아름다운 행위이다.

파스칼(Blaise Pascal, 1623~1662)
프랑스의 수학자 · 물리학자 · 철학자. 유고집 ≪팡세 Pensees≫가 있음.

🎬 파스칼 어록

자기에게 이로울 때만 남에게 친절하고 어질게 대하지 마라. 지혜로운 사람은 이해관계를 떠나서 누구에게나 친절하고 어진 마음으로 대한다. 왜냐하면 어진 마음 자체가 나에게 따스한 체온이 되기 때문이다.

배려하는 사람은 따뜻하고 아름다운 마음씨의 소유자로 그 마음은 즐거움의 원천이다. 배려의 좋은 점은 남을 즐겁게 하지만 자신이 선해지는 마음이 들면서 행복과 기쁨이 온다. 배려함으로써 남에게 준 유쾌함은 자신에게 돌아오며 베푸는 배려에 비례하여 자신에게 기쁨이 더 크게 쌓인다.

배려는 인간관계의 윤활유로 사람의 마음을 열게 하는 열쇠다. 배려하는 행위가 상대방에게 호의를 갖게 하고 감동을 주어 받아들이게 한다. 인간이란 원래 조그마한 것에 감동하기 마련이므로 사소한 배려가 호의를 갖게 하고 받아들이게 한다. 서로 배려하며 사는 삶이 진정한 상생과 공존의 길이다.

배려하는 사람이야말로 성공적인 삶을 사는 사람이다. 손님이 많은 음식점에 가보면 음식 맛뿐만 아니라 친절한 말씨 등 꼼꼼하게 작은 배려를 실천한다. 번창하는 기업의 경우도 물건을 판매하는 데 그치는 것이 아니라 사후 서비스 등 소비자를 극진히 배려한다. 이처럼 배려를 하면 자신에게 돌아오는 것이므로 배려받기를 원한다면 먼저 배려를 베풀어야 한다.

🎬 빌 게이츠 어록

> 가는 말을 곱게 했다고 오는 말도 곱기를 바라지 마라. 주는 만큼 받아야 한다고 생각지 마라. 다른 사람이 나를 이해해주길 바라지도 마라. 항상 먼저 다가가고 먼저 배려하고 먼저 이해하라.

빌 게이츠(Bill Gates, 1955~)
마이크로소프트를 창립하여 회장 역임. 세계 최고의 부자로 세계 최대의 자선재단 운영.

배려는 상대방의 입장을 먼저 헤아리는 것에서 출발한다. 남에게 이롭거나 기쁨을 주는 행위뿐만 아니라 자신의 행동으로 남에게 폐를 끼치지 않는 것도 배려이다. 자신의 행동이 다른 사람에게 피해를 주거나, 불편하게 하거나, 불쾌하게 하는 것은 아닌지 주의를 기울여 먼저 살펴보고 바로잡아야 한다.

예를 들어 상대방이 시끄럽다고 생각하지 않는지, 무겁다고 느끼지 않는지, 춥지는 않은지, 다리가 아픈 것은 아닌지 등을 살피고 조용히 대화하거나 통화를 하고, 짐을 나누어 들고, 창문을 닫고, 자리를 양보하는 등 작은 행동이 훈훈한 사회로 만드는 첩경이다.

무언가 도움이 필요한 사람에게 적절한 도움을 주고자 한다면 어떤 도움을 베풀 수 있는지를 생각해야 한다. 친구와 주변의 이웃에 관심을 가지고 살펴보면 도움이 필요한 사람이 적지 않을 것이다. 경제적으로 어렵다면 내가 도움을 줄 수 있는 것은 무엇인지, 슬픔에 젖어있다면 어떤 위로를 할 것인지 등을 살피고 자신의 능력껏 도와주어야 한다.

🎬 등불을 밝힌 사람

• 벤저민 프랭클린이 왜 등불을 집 안에 두지 않고 집 밖에 두었을까?

> 벤저민 프랭클린은 자신이 사는 필라델피아에 도움이 될 만한 일을 하고자 곰곰이 생각하고 아름답고 커다란 등을 하나 준비하여 집 앞에 선반을 만들고 그 위에 올려 두었다. 사람들은 등불은 집 안에 두어야 하는 것으로 인식하고, 집 밖에 두는 것은 낭비라 여기던 때였다.
>
> 그렇게 하루, 한 주, 한 달이 지나고, 일 년이 지나면서 거리를 환하게 밝히는 등불을 보며, 사람들은 무엇인가를 깨닫기 시작했다. 멀리서도 미리 가야할 방향을 알 수 있었고 길바닥의 장애물을 피할 수도 있었다.
>
> 벤저민 프랭클린의 깊은 뜻을 이해하기 시작한 사람들은 하나둘씩 집밖에 등불을 두기 시작했다. 이렇게 필라델피아는 길거리를 가로등으로 환하게 밝힌 미국의 첫 번째 도시가 되었다.

배려는 많은 사람에게 행복을 가져다줄 수 있는 따뜻하고 아름다운 마음 씀씀이다. 서로 배려하는 마음을 가지고 행동할 때 삶을 풍요롭게 만들고 정이 넘치는 더불어 사는 공동체가 된다. 배려라는 작은 몸짓이 세상을 훈훈하게 하며 살맛이 나게 한다. 서로를 존중하고 서로에게 친절하고 예의 바르게 행동하도록 노력해야 한다. 한 사람의 배려가 또 다른 사람의 배려로 이어지면서 공동체 전체로 퍼져나가야 한다.

상대방을 기쁘게 하고 싶고, 상대방으로부터 칭찬이나 사랑을 받고 싶다면 상대방을 배려해야 한다. 배려하는 일은 힘든 일이 아니며 조금만 신경 쓰면 된다. 누구나 취미, 기호, 습관이 있으므로 이를 잘 관찰하여 좋아하는 것, 마음에 드는 것을 내놓으면 기뻐하고 감사한 마음을 가지면서 호감을 느끼게 된다. 반면에 좋아하지 않는 것, 싫어하는 것을 내놓으면 기분이 좋을 리가 없으며 나쁜 감정을 가질 수 있다.

사소한 배려가 큰 감동을 불러일으킬 수 있으므로 세심한 주의를 기울여 작은 것까지 신경을 써야 한다. 상대방이 뭘 좋아하는지를 모를 때는 자신이 좋아하는 것, 자신이 상대방으로부터 배려를 받고 싶어 하는 것을 해주어야 한다. 자신이 어떤 대접을 받았을 때 기뻤는지를 떠올리고 그때처럼 하면 되는 것이다.

✖ 이타심을 발휘하는 배려

타인을 신뢰하고 배려하는 이타심은 가장 기본적으로 갖추어야 할 인성덕목이다. 현대인들은 자신이나 가족들에 대하여는 관심이나 물질을 베풀면서도 이해관계가 없는 이웃이나 남에 대한 기부나 봉사는 쉽지 않다. 현대 사회는 많은 이기적인 면모를 보여주고 있다. 이기적인 삶이 팽배하고 있는 사회 분위기 속에서 이타적인 삶의 자세는 커다란 의미를 지닌다.

≪**도덕감정론 The Theory of Moral Sentiments**≫(1759)
고전 경제학의 아버지 애덤 스미스(Adam Smith, 1723~1790)가 쓴 책으로 자본주의의 정신적 측면을 조명하고 있음.

🎬 애덤 스미스 ≪도덕감정론≫ 중에서

> 인간이 아무리 이기적이라 할지라도 인간의 본성에는 분명히 연민과 동정의 원리가 존재한다. 이 원리들로 인해 우리는 인간의 운명에 관심을 두게 되며 자기에게는 별 이익이 없어도 타인이 행복하기를 바란다. 타인의 비참함을 목격할 때 우리는 연민과 동정을 느낀다. 도덕적이거나 인간미가 풍부한 사람은 물론이고, 무도한 폭한이나 사회의 법률을 극렬하게 위반하는 사람도 이러한 감정을 가지고 있다.

애덤 스미스는 인간의 이기심은 동정과 연민에 의하여 절제될 수 있다고 보았다. 만약 모든 사람이 이기적인 행동으로 일관한다면 공동체는 유지되지 못하고 몰락하고 말 것이다. 인간의 마음속에 내재해 있는 이타심이 발휘될 때 비인간화의 방향에서 인간성 회복의 방향으로 나아간다. 공동체에서 함께 살며 서로 의존하고 있음을 깨닫고 이타심을 발휘하며 상부상조해야 한다. 현대 사회가 더욱 나은 더불어 사는 공동체가 되기 위해서는 타인에게 베푸는 이타적인 삶의 자세를 가져야 한다.

🎬 인도의 성자 썬다 싱 이야기

• 이타심을 발휘한 썬다 싱의 행동에서 어떤 교훈을 얻을 수 있을까?

> 눈보라가 몰아치는 겨울날, 네팔 지방의 외딴 마을을 찾아가기 위해 산길을 걷고 있었다. 길을 가던 도중 방향이 같은 여행자를 만나 함께 눈밭을 헤치며 고된 발걸음을 재촉했다. 얼마쯤 갔을까, 인적이라

고는 없는 산비탈에 이르렀을 때 눈 위에 쓰러져 있는 사람을 발견했다. 그 사람은 곧 죽을 것처럼 가느다랗게 숨을 내쉬고 있었다.

썬다 싱은 여행자에게 말했다. "우리 이 사람을 데리고 갑시다. 그냥 두면 분명 죽고 말 것이오." 그러자 여행자는 얼굴을 찌푸리며 반대했다. "안 됩니다. 우리도 죽을지 살지 모르는 판국에 누굴 도와준단 말이오?" 그는 오히려 화까지 내면서 서둘러 먼저 가버리는 것이었다.

썬다 싱은 쓰러진 사람을 일으켜 등에 업고 있는 힘을 다해 발걸음을 옮겼다. 눈보라는 갈수록 더욱 거세졌다. 썬다 싱은 헉헉 숨을 몰아쉬며 한 발 한 발 앞으로 나아갔다. 점점 눈앞이 흐려져 오면서 걷기조차 힘들었다. 하지만 등에 업은 사람을 내려놓고 갈 수는 없었다. 무거움을 참고 견디다 보니 온몸에서는 땀이 흐르기 시작했다. 그러자 등에 업힌 사람의 얼었던 몸이 썬다 싱의 더운 체온으로 점점 녹아 의식을 회복하게 되었다.

마침내 마을 가까이 왔을 때, 길가에 쓰러진 사람이 눈에 들어왔는데 안타깝게도 이미 얼어 죽어 있었다. 자세히 보니 그는 먼저 가버렸던 바로 그 여행자였다. 먼저 혼자 가버렸던 여행자는 얼어 죽었고, 죽어가던 사람을 업고 간 썬다 싱은 서로의 체온으로 살아남을 수 있었다.

썬다 싱(Sunder Singh, 1889~1929)
인도맨발의 성자. 철저한 무욕의 삶과 사랑을 실천하였음.

이타심을 발휘하는 사람은 넘어진 자를 일으켜 세워 좋은 일이 일어나게 한다. 타인에게 좋은 일이 일어나면 상호의존의 원리가 작동하여 자신에게도 좋은 일이 생긴다. 베풀면 가난해진다는 생각은 착각이다. 진정한 부자는 많이 베푸는 사람이며, 바로 그 때문에 많이 받는 것이다.

이기적인 행동은 자신을 타인과 별개의 존재로 여기는 시각에서 비롯된다. 자신만을 중심에 두고 모든 일을 판단한다면 작은 도움조차 실천하기 어렵다. 이기심으로 자신만 생각하고 타인을 잊어버린다면 마음은 좁은 공간만 차지할 것이고, 그 작은 공간 안에서는 작은 문제조차 크게 보이면서 올바른 판단을 하지 못한다.

반면에 이타심은 남을 생각하고 배려하므로 자연히 자신의 마음은 편안해지고 마음은 넓어져 열린 사고로 세상을 바라보면서 올바른 판단을 하게 된다.

이기적인 사람은 다른 사람들의 협력과 응원을 얻을 수 없다. 다른 사람의 응원과 협력 없이 꿈을 실현하기 어려우며 설령 꿈을 이룬다해도 오래갈 수 없다. 그러나 이타적인 사람은 다른 사람의 따뜻한 협조 속에 꿈을 실현할 수 있으며 모두가 함께 기뻐하는 가운데 꿈을 실현하고 지속시킬 수 있다.

마더 테레사(Mother Teresa, 1910~1997) 알바니아계 인도 국적의 로마 가톨릭 교회 수녀. 1950년 인도 콜카타에서 〈사랑의 선교회〉를 설립하고 빈민과 병자, 고아, 그리고 죽어가는 이들을 위해 헌신. 1979년 노벨평화상 수상.

🎬 마더 테레사 이야기

• 테레사 수녀는 어떤 자세로 구원의 손길을 내밀었을까?

한 정치인이 마더 테레사 수녀에게 물었다. "수녀님의 임무가 커다란 영향을 미치지 못하는 것에 대해 가끔은 좌절하거나 실망하지는 않습니까?"

그러자 마더 테레사 수녀가 대답했다. "아닙니다. 전혀 실망하지 않습니다. 하느님은 저에게 큰 임무나 능력을 주신 것이 아니라 자선의 임무를 주셨습니다."

마더 테레사 수녀는 가난의 원인이나 사회 환경을 바꾸는 데에 관심을 기울이는 것이 아니라 슬픔에 빠진 사람을 위로하고 눈 먼 사람에게 책을 읽어주고 굶주림을 겪고 있는 사람에게는 밥을 제공하는 사랑을 베풀었다. 자신이 받은 노벨평화상 상금은 가난한 사람들을 위한 집을 짓는 데 기부했다. 마더 테레사 수녀가 87세 임종 직전에 남긴 말에서 진정한 이타심이란 어떤 것인가를 알 수 있다.

"나는 결코 대중을 구원하려 하지 않으며 그렇게 할 능력도 없습니다. 나는 한 번에 단지 한 사람만 사랑할 수 있습니다. 한 번에 단지 한 사람만 껴안을 수 있습니다."

인생에서 자신이 가진 것을 어떻게 의미 있고 가치 있게 베풀며 사느냐가 중요하다. 이타심을 발휘하는 방법은 돈이나 물질만이 아니라 재능기부, 시간을 내어 마음을 나누는 등 방법은 다양하다. 이타심을 키우기 위해서는 이타적인 행위를 통해서 기쁨을 느끼면서 계속해서 이어가야 한다. 이를 위해서는 순간순간 겪게 되는 작은 봉사의 기회에서 베풂을 실천하는 습관을 들여야 한다.

하루를 시작하면서 만나는 사람들에게 가능한 한 즐거움을 선사하려는 마음을 가지고 집을 나서야 하며 평소에 주변 사람들에게 친절을 베푸는 것이 습관화되어야 한다. 누군가로부터 도움을 부탁받았을 때 자신의 능력으로 도와줄 수 있고 도와줘도 괜찮은 일이라면 가꺼이 도움을 주어야 한다.

가장 행복한 사람으로 칭송받을 만한 사람은 가장 많은 사람을 행복하게 해준 사람이다. 인간의 행복은 베풂에서 나오므로 자신이 행복해지기 위해서는 먼저 남이 행복해지도록 도와주어야 한다. 대개는 자신을 위해 돈을 쓴 사람이 더 행복하리라 생각하지만, 사실은 도움이 필요한 사람을 도울 때 더 행복감을 느낀다. '베풂의 따뜻한 빛'이며 '돕는 사람의 희열'이다.

✖ 친절한 배려

🎬 법정의 ≪산에는 꽃이 피네≫ 중에서

법정(1932~2010)
대한민국의 승려 · 수필가.
저서에 ≪무소유≫ ≪오두막
편지≫ 등이 있음.

> 친절과 사랑은 우러나오는 것이다. 우리 마음속에서 우러나오는 것
> 이다. 사람은 친절과 사랑 안에서 성장한다. 자비를 베풀어라, 사랑해
> 라, 여러 말이 있지만 친절하다는 것, 이것이 인간의 미덕이다.

남에게 친절을 베푸는 것은 자신의 기쁨이다. 남에게 친절을
베풀어 행복한 모습을 보면 자신의 마음이 편안해지고 행복한
마음이 든다. 친절은 우선 남을 위한 것이지만 궁극적으로 자신
을 위한 것이기도 하다. 친절을 베푸는 사람은 그 이상의 친절을
되돌려 받게 된다. 상대방에게 친절함으로써 그 사람에게 준 유
쾌함은 곧 자신에게 돌아오는 것이다. 다른 사람에게 베푸는 친
절에 비례해 자신의 기쁨이 더 크게 쌓인다.

친절의 미덕이 인간관계를 부드럽게 한다. 친절한 한마디 말과
조그마한 친절 행위가 좋은 인간관계의 실마리가 된다. 친절한
사람은 사람들로부터 호감을 얻어 꿈을 실현하는 데 큰 도움을
얻을 수 있다. 대개 사람의 호감이란 먼저 남이 베풀어준 것에 대
한 반응으로 나타난다. 친절해 주기를 기
다릴 것이 아니라 먼저 친절해야 한다.
호감을 얻고 싶다면 남다른 친절을 먼저
베풀면 될 것이다.

🎏 용서하는 배려

🎬 셰익스피어 어록

> 남의 잘못에 대해 관용하라. 오늘 저지른 남의 잘못은 어제 저지른 내 잘못이었음을 생각하라.

셰익스피어
(Shakespeare,
1564~1616)
영국의 시인 · 극작가.

살다 보면 지울 수 없는 상처를 준 사람을 용서할 수 없다는 마음이 들 경우가 있겠지만, 이때 '내가 저런 상황이었으면 어땠을까' 하는 역지사지(易地思之)의 자세로 상대방의 입장과 관점에서 바라보고 관용을 베풀려고 노력할 필요가 있다. 왜냐하면, 그런 상처와 분노가 자신에게 주어진 삶을 망가뜨리기 때문이다. 용서하지 않고 과거의 기억과 상처에 매달리면 원한과 분노가 독이 되어 건강을 해치지만 용서하면 과거의 상황이 현재를 지배하지 않도록 하면서 마음의 상처를 치료하여 건강해지므로 용서를 선택해야 한다.

어리석은 사람은 용서하지도 않고 잊지도 않는다. 평범한 사람은 용서하고 잊는다. 현명한 사람은 용서는 하지만 잊지는 않는다. 용서는 과거를 잊어버리는 것이 아니라 오히려 기억하는 것으로 과거를 인식하면서 미래로 나아가는 징검다리로 삼아야 한다.

용서를 통해 맺힌 것을 풀고 자유로워지면 세상 문도 활짝 열려 세상의 모든 존재를 향해 나아갈 수 있게 한다. 용서는 인간관계의 아름다운 마무리로 용서를 통해 새로운 인간관계가 이루어진다. 과거를 털어내고 맺히고 막힌 관계를 풀어 새로운 미래를 향해 어깨동무하며 함께 가야 한다.

현대사회에서의 이타적인 삶의 자세

[예시 답안]

　　현대인들은 자신이나 가족들에 대하여는 무조건적인 관심이나 물질을 베풀면서도 이해관계가 없는 이웃이나 남에 대한 기부나 적선은 찾아보기 어렵다. 이렇듯 현대사회는 많은 이기적인 면모를 보여주고 있다. 또한 고속도로 상에서 갓길 운전을 하거나 남들이 보지 않는 곳에서 쓰레기를 무단 투기하는 등 일상생활에서 법과 질서를 지키지 않는 일이 비일비재하다. 그러나 선행이 베풀어지고 양심을 지키는 일이 제대로 이루어진다면 현대사회는 상부상조하는 아름다움과 질서 있는 사회로 자리 잡을 수 있을 것이다.

　　경쟁과 속도를 추구하는 현대사회 속에서 현대인들은 이기심에 젖어 남에 대한 배려를 하지 않고 편법을 앞세워 앞만 보고 달리고 있다. 이러한 상황에서 현대인들은 인간성을 발휘하고 다른 사람들을 인격체로 대우하며 돕는 진정한 봉사가 점차 사라져 가고 있다. 물질적 가치가 더 중요시 되어감에 따라 정신적 가치가 소홀히 되고 있고 봉사를 할 기회를 만나더라도 그 기회를 무심코 넘겨버리기 때문이다. 현대인들의 삶이 단순화되고 기계적으로 되어감에 따라 인간 소외 현상이 발생하고 다른 사람들을 인격체로 보지 못하는 것이다. 이기심과 불법과 편법은 남에 대한 배려를 전혀 하지 않는 행위이다.

　　현대사회에서의 이타적인 삶의 자세는 커다란 의미를 지닌다. 인간의 마음속에 내재해 있는 양심과 이타적인 삶의 자세는 누구나 가지고 있는 심성이며 실천 가능한 일이다. 눈에 보이지 않는 선의 힘과 자기 안에 있는 인간성이 발휘될 때 현대사회가 진정한 인간성 회복과 함께 바람직한 방향으로 나아갈 것이다. 이를 위해서는 순간순간 겪게 되는 보잘것없는 일에 대해서도 양심을 발휘하고 작은 실천을 하여야 한다.

　　현대사회가 보다 나은 삶이 펼쳐지는 사회가 되기 위해서는 사회 구성원들이 자기 자신만을 생각하는 이기적인 삶이 아니라 타인을 배려하는 이타적인 삶의 자세를 가져야 한다. 우리마음속에 있는 갇혀있는 양심과 이상적인 의욕을 해방시켜 이타적인 삶을 추구하고자 노력할 때 우리 사회는 삶의 질이 높은 사회로 변화되어질 것이다.

정리하기

- 배려는 인간만이 나눌 수 있는 아름다운 미덕이다.

- 상대방의 처지나 형편을 헤아려 기쁘게 하고 보살펴 주는 행동이다.

- 배려는 의무는 아니지만, 의무보다 한 단계 높은 마음 씀씀이이다.

- 배려는 상대방의 입장을 먼저 헤아리는 것에서 출발한다.

- 배려는 인간관계의 윤활유로 사람의 마음을 열게 하는 열쇠다.

- 배려하는 일은 크게 힘든 일이 아니며 조금만 신경 쓰면 된다.

- 배려하는 사람은 따뜻하고 아름다운 마음씨의 소유자이다.

- 더불어 사는 공동체가 되기 위해서는 이타적인 삶의 자세를 가져야 한다.

- 모든 사람이 이기적인 행동으로 일관한다면 공동체는 유지되지 못한다.

- 이타적인 사람은 다른 사람의 따뜻한 협조 속에 꿈을 실현할 수 있다.

- 남에게 친절을 베푸는 것은 자신의 기쁨이다.

- 친절을 베푸는 사람은 그 이상의 친절을 되돌려 받게 된다.

- 친절의 미덕이 인간관계를 부드럽게 한다.

- 용서하지 않고 과거의 기억과 상처에 매달리면 안 된다.

- 용서하면 마음의 상처를 치료한다.

- 용서는 인간관계의 아름다운 마무리이다.

- 용서를 통해 맺힌 것을 풀고 자유로워지면 세상 문도 활짝 열린다.

- 용서를 통해 새로운 미래로 나아가야 한다.

확인하기

1 빈칸에 적절한 단어를 기입하세요.

배려는 (　　　　　　　　)의 윤활유로 사람의 마음을 열게 하는 열쇠다.

2 아래 상황에 대해 배려하는 말을 적어 보세요.

> 상황 1 : 친구가 책을 빌려가서 돌려주지 않았다. 독촉하는 말을 해야 할 것 같다.
> 상황 2 : 공부를 하고 있는데 친구가 심한 장난을 쳐 화가 난다.

3 배려의 관점에서 다른 사람들과 더불어 살아가기 위해서는 어떤 마음 자세가 필요할까요?

4 다음 글을 읽고 친절의 의미를 적어 보세요.

> 우리는 베푸는 손길, 미소, 따뜻한 말 한마디, 경청하는 귀, 진솔한 칭찬, 사소한 애정 표현의 위력을 과소평가하기 일쑤지만, 이러한 것들은 모두 인생을 180도 바꿔 놓을 잠재력이 있다.

5 이타심을 발휘하여 봉사 활동에 임하는 바람직한 자세를 서술하세요.

6 빈칸에 적절한 단어를 기입하세요.

용서는 인간관계의 아름다운 (　　　　)로 용서를 통해 새로운 인간관계가 이루어진다.

정답 1. 인간관계 2~5. 각자 작성 6. 마무리

7 소통

📖 **학습목표**
- 소통의 의미와 본질을 이해하고 소통 방법을 설명할 수 있다.
- 공감의 의미를 이해하고 공감대 형성 방법을 말할 수 있다.
- 소통을 통한 갈등 해결의 의미를 이해할 수 있다.

❈ 소통의 의미

모든 관계는 소통으로 이루어진다. 소통은 말을 유창하게 하거나 자신의 의사를 정확하게 전달하는 것만이 아니라 상대방의 의사를 경청하고 파악하여 서로 공감하는 것이다.

현대 사회에서 소통이 없는 생활은 상상조차 할 수 없다. 소통이 없는 삶은 인간의 삶이 아니다. 개인, 가족, 학교, 직장, 사회 등에서 소통 부재로 인한 불협화음은 개인과 공동체에 중대한 장애 요소다.

사람은 자기 나름대로 성격과 말하는 방법, 행동이 서로 다르므로 소통에 문제가 생긴다. 소통 능력을 키우기 위한 전제는 상대방이 나의 사고방식과 사용하는 말의 뜻이 다를 수 있다는 점을 인정해야 한다.

❈ 소통의 본질

소통의 본질과 관건은 설득이 아니라 공감에 있다. 열린 마음으로 상대방의 입장에서 사안을 바라보고 상대방의 생각을 이해하는 데서 출발해야 한다. 먼저 사안에 대한 인식과 관점이 공유되어야 한다. 그러려면 자기 생각과 다른, 때로는 반대되는 생각을 들어야 폭넓게 소통할 수 있다. 이와 달리 자기 생각을 고집하고 상대방 말을 듣지 않는다면 편협할 수밖에 없어 공감을 불러일으킬 수 없다.

소통에서 범할 수 있는 최대 실수는 자신의 견해와 감정 표현에 최우선 순위를 두는 것이다. 자신의 이야기를 하기보다는 상대방의 말을 경청해야 한다. 자기 생각과 감정을 표현하려고만 해서는 안 되며 먼저 상대방을 존중하고 이해하려고 해야 한다. 자신의 논리를 전달하기 위해 고민하기보다는 상대방의 의견을 들어주고 이해하고 존중해주어야 한다.

경청 능력이 중요하다. 열린 마음으로 상대방의 말을 들어야 한다. '총명(聰明)하다'는 말에서 총은 '귀 밝은 총' 자이다. 즉 똑똑하고 현명하다는 것은 자신의 말과 의견을 내세우기 전에, 남의 얘기를 잘 들을 줄 알아야 한다는 것을 의미한다. 공감은 일방적이 아니라 쌍방향이어야 한다.

진실성과 진정성을 가지고 마음에 와 닿는 말을 해야 한다. 감정이나 체면을 경계해야 하며 정직하고 솔직해야 한다. 단순하고 이해하기 쉬우며 때로는 이성이 아니라 감성에 호소하면서 깊은 공감을 끌어낼 수 있어야 한다. 사람은 논리보다는 감성을 자극할 때 더욱 감동을 받게 된다.

❈ 소통하는 방법

말

🎬 키케로의 ≪의무론≫ 중에서

> 　대화할 때는 혼자 떠벌여 다른 사람들의 입을 꽉 다물게 해서는 안 된다. 대화를 나눌 때는 자기 차례가 오면 말하는 것이 공평하다. 그리고 대화의 주제가 무엇인지 가장 먼저 파악해야 한다. 중요한 대화라면 진지하게 말해야 하며, 유머라면 재치가 있어야 한다. 특히 대화할 때 분노나 탐욕, 무례나 나태한 태도 등 성격상의 결점이 표출되지 않도록 조심해야 한다. 가장 주의해야 할 것은 대화를 나누는 사람을 존중하고 있음이 드러나야 한다.

　삶을 영위하면서 주된 소통 도구는 말이므로 말을 다스리는 것이 중요하다. 말은 기본적으로 의사소통을 위한 도구로서 개인의 감정이나 사상을 표현한다. 인간이 공동 사회를 이루어 더불어 살 수 있게 된 것은 언어라는 도구가 있기에 가능하다. 언어를 사용하는 사람들이 공유하는 기준과 규칙이 있으므로 소통할 수 있다.

　지혜로운 말은 마음을 통합시키고 용기를 갖게 하지만, 잘못된 말은 분노와 불신을 불러일으켜 절망에 빠뜨린다. 내뱉은 말은 다시 주워 담을 수 없어 평생 계속될 수 있는 수치스러움이 한순간에 일어나기도 한다. 말을 자제하지 못하면 최악의 상황이 벌어진다. 말을 너무 적게 해서가 아니라 너무 많이 해서 후회하는 일은 흔히 있다.

　말이 적을수록 분쟁도 적어진다. 경쟁자와 함께 있을 때는 조심하기 위해, 다른 이와 함께 할 때는 위신을 지키기 위해, 꼭 필요한 말만 해야 한다.

마땅히 말해야 할 때에는 말해야 하며, 말하지 않는 사람은 전진할 수 없는 사람이다. 말을 해야 할 때는 겸손하고 부드럽게 해야 한다. 주장해야 할 때는 한 마디 한 마디에 힘을 주면서 또렷하게 해야 한다. 분명하게 말해야 상대방에게 확신을 줄 수 있다. 흥분하지 말고 요령 있게 말해야 한다. 주의 깊게 듣고, 총명하게 질문하고, 조용히 대답해야 한다. 때로는 침묵이 가장 좋은 답이 될 수도 있다. 아무 말할 필요가 없을 때에는 침묵하는 게 좋다.

성공적인 화법에 '1:2:3의 법칙'이 있다. 하나를 말하고 둘을 듣고 셋을 맞장구치라는 뜻이다. 맞장구는 대화의 하이파이브로 상대방의 말에 귀를 기울이면서 동조함을 나타내어 깊은 유대감과 공감을 형성한다. '맞장구'도 상황에 맞게 해야 하며 과장하거나 건성이 아니라 진심을 담아서 해야 한다.

소통 능력을 키우려면 다양한 경험과 독서를 통한 식견과 포용력을 길러야 한다. 논리적이고 적절한 비유, 감성적 언어, 유머를 곁들인 언어 구사가 필요하다. 진정성을 담으면서 정곡을 찌르는 촌철살인의 언어를 구사한다면 단순한 소통 능력을 넘은 커다란 공감 능력을 보여주게 된다.

경청

🎬 당 태종과 신하 위징의 대화

> "군주가 어찌하면 훌륭한 명군이 되고 어찌하면 어리석은 임금이 되오?" 하고 묻자 "두루 들으면 명군이 되고, 한쪽 말만 믿으면 어리석은 임금이 됩니다(兼聽則明 偏信則暗)"라고 대답했다.

당 태종(唐 太宗, 599~649)
본명은 이세민이며 중국 당나라의 2대 황제(재위 626~649). 중국 역대 황제 중 최고의 성군으로 불리어 전 세계에서 몇 안 되는 뛰어난 군주로 평가받음.

위징(魏徵, 580~643)
중국 당의 정치가. 당 태종을 섬긴 신하로서 직간(直諫)으로 이름이 높았고 당 태종과의 문답은 대부분 ≪정관정요≫에 실려 있다.

　현대 사회에서 말을 잘하는 것이 소통 능력이고 경쟁력이라고 여기고 너도나도 자신의 의견을 말하기에 급급할 뿐, 남의 이야기를 들어주려는 사람은 많지 않다. 그러다 보니 오히려 적게 말하고 많이 듣는 사람이 주변 사람들로부터 호감을 얻으므로 경청을 잘하는 것이 처세의 비결이다.

　경청이란 단순히 말을 하지 않고 듣는 것이 아니라 상대방의 진심을 믿고 받아들인다는 의미이며 마음의 중심이 상대방으로 향하는 것이다. 경청의 원칙은 상대방을 소중한 인격으로 받아들이는 것으로서 그 자체가 존중과 격려이며 가치를 인정해 주는 것이다. 경청은 상대방에게 할 수 있는 최고의 찬사 중 하나로서 상대방을 지지한다는 의사 표현과 같다. 다른 사람과 대화할 때 그 사람의 이야기에 귀를 기울이지 않는다면, 그건 상대방을 무시하는 태도이다. 경청할 때는 상대방을 존중하고 있다는 모습을 보여주어야 한다.

　고루 듣는 것은 상황 파악을 제대로 할 수 있는 절대적 조건이므로 귀를 크게 열어야 한다. 자신이 하는 말은 자신에게 아무것도 가르쳐주지 않는다. 자신이 말하고 있을 때는 아무것도 배울 수가 없다. 새로운 것을 배우려 한다면 상대방의 말을 귀담아들어야 한다. 다른 사람의 말을 주의 깊게 들으면 많은 것을 배울 수 있고 독단에 빠지지 않는 계기가 된다.

　어떤 결단을 내릴 때는 여러 사람으로부터 골고루 의견을 청취해야 한다. 상대방의 말을 잘 들어주고 이견을 조율하는 것은 생각보다 매우 어려운 일이다. 여러 사람의 말을 잘 듣는 사람은 상황을 조율할 수 있고 문제를 해결할 수 있다. 경청하는 사람만이 바른 판단과 결정을 내릴 수 있다.

글

　전통적인 방법은 서로 말을 주고 받으며 소통하는 방식이었지만, 이제는 SNS 등 각종 커뮤니케이션 서비스와 다양한 애플리케이션으로 단문 텍스트와 이미지가 주요한 소통 수단이 되고 있다.

　서로 만나 얼굴을 보면서 소통을 하면 감정이나 심리 상태를 파악할 수 있으나 글을 통해 전달하면 비언어적 표현인 몸짓, 표정, 목소리, 소소한 심리상태 등은 표현하기 어렵다. 따라서 상대는 글만 보고 자기 방식으로 해석하기 때문에 사용한 어휘 등 표현 방식에 따라 오해의 소지가 있을 수 있다.

　온라인에서 줄인 단어나 줄인 글을 쓰는 습관이 일상생활에서도 쓰이면서 의미 전달이 더 어려워지고 있다. 또한 기분이나 분위기를 표현하는 데 쓰이는 이모티콘을 과도하게 사용함으로써 원활한 소통이 이루어지기 어렵다.

　그러므로 글로 표현할 때는 정확한 단어와 문장을 사용해야 한다. 의견이나 견해를 나타내고자 할 때에는 가급적 이모티콘 사용을 자제해야 한다.

칭찬

🎬 칭찬이 있었다면

• 노인이 로제티를 만나고 난 다음에 왜 후회하는 것일까?

　19세기 영국의 전설적인 화가인 단테 가브리엘 로제티에게 어느 날 한 노인이 자신의 그림이 그려진 스케치북을 들고 찾아와서 자신이 화가의 재능이 있는지를 물었다. 로제티는 진지하게 그림을 살펴보더니 재능이 없음을 파악하고 한숨을 내쉬었다.

가브리엘 로제티
(Gabriel Rossetti,
1828~1882)
영국의 전설적인 화가.

노인은 실망한 표정을 짓지는 않았다. 노인은 다시 낡은 스케치북을 꺼내어서 그려진 그림들을 봐주기를 부탁했다. 젊은 화가 지망생이 그린 그림들이라고 했다. 로제티는 그 그림들을 살피기 시작했다.

그런데 이번 그림들은 놀랍게도 아주 좋았다. 흥분한 로제티는 이 그림을 그린 젊은 화가 지망생은 탁월한 가능성을 가지고 있다고 했다. 그 말을 듣고 노인은 충격을 받은 듯 했다. 이상한 느낌이 든 로제티는 그 그림들을 그린 사람이 혹시 아들인지를 물었다. 그러자 노인이 대답했습니다.

"사실은 이 그림들도 제 것입니다. 젊었을 때 제가 그린 것들이지요. 만약 그때 당신 같은 화가가 한 번이라도 칭찬을 해주었더라면 저는 화가가 되었을 것입니다. 하지만 아무도 제게 그런 말을 해준 사람이 없었기에 도중에 그만 포기해버리고 말았습니다."

칭찬을 많이 하는 것보다 잘하는 것이 중요하다. 능력과 결과에 대한 칭찬보다는 노력과 과정에 대한 칭찬이 바람직하다. 칭찬을 받고 싶어 하는 것을 칭찬하는 것이 중요하다. 즐겨 화제로 삼는 것을 주의하여 관찰하면 우수한 부분과 인정받고 싶은 부분을 구분하여 칭찬할 수 있으며, 우수한 부분보다 인정받고 싶은 부분을 칭찬하는 것이 더 호의를 갖게 한다. 뒤에서 칭찬하는 것이 더 큰 기쁨을 줄 수 있다. 즉 다른 사람을 통하여 칭찬한 말이 칭찬의 대상자에게 전달되도록 하는 것이다.

칭찬은 인간의 영혼을 따뜻하게 하는 햇볕과 같아서 칭찬 없이는 인간이 자랄 수도 꽃을 피울 수도 없다. 그런데도 우리 대부분은 다른 사람에게 비난이란 찬바람을 퍼붓기만 하고 칭찬이라는 따뜻한 햇볕을 주는 데 인색하다. 불평을 늘어놓으며 비판하는 건 쉬운 일이지만 칭찬할만한 점을 찾아내어 칭찬해주는 것은 어렵다. 왜냐하면, 인간은 칭찬보다는 비판하는 걸 좋아하기 때문이다.

비판에 익숙해서는 안 된다. 누군가가 의견을 물어오면 좋은 점이 있음에도 불구하고 나쁜 점만을 부각하여 말하는 것이 버릇이 되어서는 안 되며 좋은 점을 찾아내어 칭찬하기 위해 노력해야 한다. 칭찬을 들은 사람은 칭찬한 사람에게 호감을 느낄 것이며 칭찬한 사람은 결국 주변을 밝게 만드는 매력적인 인물이 될 것이다.

그렇다고 해서 상대방의 결점이나 좋지 않은 면까지 칭찬할 필요는 없으며 칭찬해서도 안 된다. 때로는 비판할 수 있어야 하며 그럴 경우에 상대방이 납득할 수 있도록 부드럽게 지적하고 설득해야 한다.

칭찬을 제대로 하기 위해서는 진심에서 우러나온 말로 해야 한다. 아부가 아니라 좋은 점을 찾아서 칭찬해야 상대방도 진정으로 기뻐하게 된다. 상대방의 결점을 보기보다는 장점을 보려고 노력해야 하며 어디에서나 남을 헐뜯는 말을 하지 않아야 한다.

유머

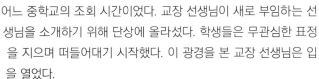 교장 선생님의 유머

• 교장 선생님은 어떻게 학생들의 주의를 집중시켰을까?

어느 중학교의 조회 시간이었다. 교장 선생님이 새로 부임하는 선생님을 소개하기 위해 단상에 올라섰다. 학생들은 무관심한 표정을 지으며 떠들어대기 시작했다. 이 광경을 본 교장 선생님은 입을 열었다.

"여기 새로 오신 선생님은 왼쪽 팔이 하나밖에 없습니다." 순간 학생들은 놀란 듯 갑자기 조용해졌다. 학생들의 눈과 귀가 모두 단상에 집중했다. 그러자 교장 선생님은 미소를 지으며 말을 이어 갔다.

"아, 선생님은 물론 오른팔도 하나밖에 없습니다."

간단한 유머로 분위기를 순식간에 반전시킬 수 있다. 사람과 사람 사이의 최단 거리는 '웃음'이다. 재치 있는 유머는 웃음을 낳고, 사람 간의 관계를 원활하게 만들어준다. 자칫 차가워질 분위기를 따뜻하게 만들어준다. 웃음은 다른 어떤 것보다 강력한 힘을 가지고 있다. 사람의 마음을 한순간에 즐겁게 하여 소통을 원활하게 한다.

햇빛은 누구에게나 따뜻한 빛을 준다. 사람의 웃는 얼굴도 햇빛과 같이 친근감을 준다. 소통을 원활하게 하려면 웃어야 한다. 사람의 마음을 여는데 웃음만큼 확실한 방법은 없다. 유머가 있어야 한다. 유머 감각은 관심을 가지고 갈고 닦아야 능력을 키울 수 있다.

비언어적 표현 : 눈 마주침, 몸짓

상호 공감을 통한 눈 마주침이나 몸짓이 상대방의 마음을 움직이고 자극한다. 눈 마주침은 서로의 감정 상태를 알 수 있고 집중할 수 있다. 적절한 스킨십은 상대방의 감정이나 상황을 존중한다는 것을 보여준다. 따뜻한 손길, 친절한 다독임, 가벼운 포옹 등은 말로 보여줄 수 없는 친밀한 감정을 전달할 수 있다.

🎏 소통을 통한 공감

공감은 현대 사회에서 강조되는 주요한 화두이다. 현대 사회에서 공감이 인간을 이해하는 새로운 패러다임으로 떠오르고 있다. 인간은 적대적 경쟁보다는 유대감을 가장 고차원적 욕구로 지향하는 존재이다. 공감은 서로를 연결해주는 감정적 연결고리로서 건전한 인격의 중요한 정서적 토대이다.

공감은 다른 사람과 의견, 감정, 생각, 처지에 대하여 서로 같다고 느끼는 것으로 마음과 마음이 서로 통한 상태이다. 같이 느끼는 것만이 아니라 상대방의 느낌까지도 알아차린다. 상대방의 느낌을 그대로 인정해 주면서 나의 것으로 받아들이는 것이다.

공감이 있어야 마음에서 동조가 우러난다. 공감대를 높이려면 상대방의 심정과 감정을 진심으로 이해하고, 필요를 파악하는 능력, 즉 '마음의 시력'을 가지고 진실한 마음으로 대해야 한다. 그래야 거기에서 친근감을 느끼면서 동조가 일어난다.

공동체에서 함께 한다는 것은 공감이 근간이다. 서로 간의 공감이 공감을 낳고 이해와 사랑의 파동을 일으킨다. 공감 없는 인간관계는 모래성과 같아서 언제 무너질지 모른다. 공감하기 위해서는 마음의 문을 열고 더 가까이 다가가야 하고, 귀 기울여야 하고, 따뜻한 시선으로 집중해서 바라보아야 한다. 이것이 공감의 시작이다.

공감하기 위해서는 공감대가 형성되어야 한다. 공감대 형성이란 두 사람 사이나 집단 간에 상호 신뢰를 나타내는 심리이다. 서로 마음이 통하고, 무슨 말이라도 털어놓고 말할 수 있고, 말하는 것이 충분히 이해가 되는 관계로 느껴지는 상태를 말한다.

모든 관계에서 가장 중요한 것 중의 하나가 바로 공감대 형성이다. 선생님과 학생과의 관계, 경영자와 근로자와의 관계, 위정자와 국민과의 관계는 공감대를 얼마나 잘 형성하는가에 성패가 달려있다고 해도 과언이 아니다. 선생님이나 경영자나 위정자가 아무리 설득해도 상대방이 공감하지 못하면 아무 소용이 없다. 서로 간에 공감대가 형성되어야 제대로 된 관계를 맺으면서 진정한 의사소통이 이루어진다.

좋은 인간관계를 맺거나 친구 사이가 되는 것은 서로의 위치나 입장이나 처지, 취미, 대화에서 공감대가 형성되기 때문이다.

공감대 형성은 미리 마련된 계획이나 논리적 접근으로 이루어지는 것이 아니다. 쌍방이 성실하고 서로 존중하는 분위기에서 이루어지며 자비심, 인내심, 신념까지도 소진해야 하는 어려운 과정이다.

공감대를 형성하기 위해서는 먼저 상대방을 알고 이해해야 한다. 상대방에 관심을 가지고 어떤 사람인지, 어떤 상황에 놓여 있는지, 무슨 생각을 하고 있는지, 무엇을 원하는지, 어떤 가치관을 가지고 있는지, 문화나 취미가 무엇인지, 어떤 습관을 지니고 있는지를 알아야 한다. 그러기 위해서는 상대방의 말을 경청하고 질문해야 한다.

다음으로는 서로 믿어야 한다. 서로를 믿지 못하는 상태에서는 공감대가 형성될 수 없다. 신뢰는 상대방에 비치는 삶의 태도, 말이나 행동, 마음씨가 결정한다. 약속을 지키고 공정하고 따뜻한 행동으로 믿을 만해야 공감대가 형성된다.

상대방에 대한 이해와 신뢰의 바탕 위에서 상호 솔직해야 한다. 상대방이 솔직하지 않다고 느끼는 상황에서는 공감대가 형성되지 않으므로 솔직하게 대화해야 한다. 먼저 상대방의 의견을 경청하고 의도를 분명하게 인지해야 한다. 그런 다음에 자신의 의견을 숨기지 말고 구체적으로 말하고 상대방이 이해했는지를 확인한다. 자신이 마음의 문을 열면 상대방도 마음의 문을 열어 공감대가 형성되게 된다.

공감대 형성은 내용을 떠나 태도가 결정적으로 작용하기도 한다. 겸손한 자세로 상대방의 입장이 되어 정서를 이해하고 문화나 취미에 대해 배려하면 공감대가 쉽게 형성되기도 한다. 상대방에 대하여 진정으로 관심이 있다는 사실을 깨닫게 해주면서 감동을 주기 때문이다. 누군가와 공감하려면 먼저 그의 진실한 친구라는 것을 느끼게 해야 한다. 그래야 사람의 마음을 사로잡을 수 있다.

✖ 소통을 통한 갈등 해결

삶을 영위하면서 갈등은 있기 마련이다. 인간은 여러 종류의 갈등에 직면하면서 살아간다. 서로 다른 이해관계를 추구하는 개인과 집단이 이해관계의 충돌과 의견 차이로 갈등을 겪고 소통을 통해 슬기롭게 해결하면서 서로 공존하고 있다.

현대 사회는 다양한 가치관이 공존하기 때문에 갈등이 생기기 쉽다. 갈등으로 인한 불화로 갈등이 표면화되면 공동체의 효율성이 떨어지며 문제 해결이 어려워진다. 개인의 경우에는 심리적인 타격을 받아 개인 생활에까지 영향을 미친다. 갈등 당사자는 갈등의 잠재 요인을 사전에 감지하고 갈등으로 인한 소모적인 요소를 감소시키는 노력을 기울여야 한다.

갈등은 무조건 나쁜 것이 아니라 긍정적인 시각으로도 보면서 관리하는 것이 중요하다. 갈등은 변화와 성장을 자극한다. 갈등이 생기면 대결과 경쟁이 생기고 스스로 변화하면서 성장의 동력이 생긴다. 갈등을 해결하기 위해 변화해야 하고 소통을 통해 원만하게 해결하면서 발전을 가져온다. 그러므로 갈등에 직면하면 지나치게 스트레스를 받기보다는 자신의 발전을 위한 계기로 삼아야 한다. 갈등을 해결하려면 문제를 새로운 시각으로 보아야 하고 해결을 위해 고민하고 공부하는 과정에서 자신의 능력도 향상시킬 수 있다.

갈등 해결을 마음의 수양 과정으로 생각할 수 있다. 갈등을 해결하는 과정에서 여러 감정이 교차한다. 분노와 원망과 미움의 감정이 생기기 마련이지만 감정을 잘 조절해야 문제가 해결될 수 있으므로 마음을 다스려야 한다.

언어의 기능

[예시 답안]

　언어는 사회 구성원의 의사소통과 사고를 가능케 하는 도구이자 한 사회를 반영하는 거울이다. 만약 언어가 없다면 의사 표현에 심각한 어려움을 겪을 것이다. 몸짓이나 표정 등으로 의사 표현을 하겠지만, 언어처럼 광범위하고 체계적인 수단이 되지는 못할 것이다. 또한, 사물에 대하여 어떤 이름을 부여할 수도 없어서 사물에 대해 인식을 하기가 힘들 것이다. 이처럼 언어는 사고와 표현 방식, 세계관의 근본 틀을 형성하고 의사 전달의 수단이다. 즉 언어는 의사 전달의 도구적 성격과 문화적 성격을 동시에 가지고 있다.

　언어는 기본적으로 의사소통을 위한 도구로서 개인의 감정이나 사상을 표현한다. 인간이 공동체를 이루어 더불어 살 수 있게 된 것은 언어라는 도구가 있었기에 가능했다. 도구로서의 언어는 그것을 사용하는 사람들이 공유하는 기준과 규칙이 있기에 소통할 수 있다. 이처럼 언어는 우리의 생각을 교환하는 도구로서 필연적으로 인간의 사고를 반영하게 되어 사물을 체계적으로 인식하게 한다.

　언어의 또 다른 특성으로 언어 속에 자신이 사는 세계에 관한 관점이 스며들어 있는 사회성을 들 수 있다. 한 민족의 고유한 언어는 그 민족의 세계관을 담고 있다는 것이다. 각 나라에 있어서 모국어의 차이는 바로 제각기 다른 세계관을 갖는 것으로 나타난다. 그러므로 새로운 언어를 배운다는 것은 그 언어가 지니는 세계관을 새롭게 획득한다는 것과 같은 의미이다. 따라서 '언어가 서로 다르다'고 말할 때의 의미는 사물을 표시하는 기호가 서로 다르다는 뜻이 아니라 사물을 바라보는 각 민족의 관점, 즉 '언어적 세계관'이 다르다는 뜻이 된다.

　언어는 세계관의 특성과 기능적 측면 및 사회 변동과 관련된 변동성을 동시에 반영하고 있다. 특히 인터넷의 발달과 함께 나타난 축약어의 사용은 새로운 사회 즉, 정보화 사회의 새로운 측면을 반영하려는 언어의 기능적 발전과 인터넷 사회의 신속성에 따른 세계관의 변화를 반영하는 현상이다. 현대 사회에서 정보화와 과학 기술의 발전은 시간이 흐를수록 가속도가 붙고 있다. 따라서 미래 사회에서는 더욱 다양한 언어가 새로운 형태로 출현할 것임을 예상해 볼 수 있다.

정리하기

- ◉ 모든 관계는 소통으로 이루어진다.

- ◉ 소통은 상대방의 의사를 경청하고 파악하여 서로 공감하는 것이다.

- ◉ 소통의 본질과 관건은 설득이 아니라 공감에 있다.

- ◉ 소통은 열린 마음으로 상대방의 생각을 이해하는 데서 출발해야 한다.

- ◉ 자신의 이야기를 하기보다는 상대방의 말을 경청해야 한다.

- ◉ 상대방의 의견을 들어주고 이해하고 존중해주어야 한다.

- ◉ 진실성과 진정성을 가지고 마음에 와 닿는 말을 해야 한다.

- ◉ 소통하는 방법으로는 말, 글, 경청, 칭찬, 유머, 눈 마주침, 몸짓 등이 있다.

- ◉ 공감은 마음과 마음이 서로 통한 상태이다.

- ◉ 공감이 있어야 마음에서 동조가 우러난다.

- ◉ 공감 없는 인간관계는 모래성과 같아서 언제 무너질지 모른다.

- ◉ 인간관계에서 중요한 것은 공감대 형성이다.

- ◉ 공감대를 형성하기 위해서는 상대방을 이해하고, 믿고, 솔직해야 한다.

- ◉ 공감대 형성은 내용을 떠나 태도가 결정적으로 작용하기도 한다.

- ◉ 삶을 영위하면서 갈등은 있기 마련이다.

- ◉ 소통을 통해 슬기롭게 갈등을 해결하면서 서로 공존해야 한다.

- ◉ 갈등 해결을 마음의 수양 과정으로 생각할 수 있다.

- ◉ 갈등을 해결하는 과정에서 분노와 원망과 미움의 감정이 생기기 마련이지만, 감정을 잘 조절해야만 문제가 해결될 수 있다.

확인하기

1 소통의 본질에 대해 서술하시오.

---

2 소통에서의 말의 기능에 대해 서술하시오.

---

3 공감대 형성을 위한 전제 조건은 무엇인지 적어 보세요.

---

4 공감대 형성과 인간관계에 대해 서술하시오.

---

5 갈등에 대한 시각을 설명한 것 중에서 틀린 것은 어느 것인가요?

① 갈등은 삶을 영위하면서 있기 마련이다.

② 현대 사회는 다양한 가치관이 공존하고 서로 다른 이해관계가 충돌하므로 많은 갈등이 생긴다.

③ 갈등을 부정적인 시각으로만 보면서 관리해야 한다.

④ 갈등관리를 나를 수양하는 과정으로 생각해야 한다.

6 내가 친구의 입장을 이해하지 못해 갈등을 빚었던 경험과 이를 어떻게 해결했는지 적어 보세요.

정답 1~2. 각자 작성 3. 상대에 대한 이해와 믿음, 인정, 동질성에 대한 느낌 4. 각자 작성 5. ③ 6. 각자 작성

8 협동

 학습목표
- 협동하는 자세와 가치에 대해 이해할 수 있다.
- 협동에 있어서 근면의 자세를 인식할 수 있다.

공동체와 협동

생텍쥐페리 어록

> 누군가는 성공하고 누군가는 실수할 수도 있다. 하지만 이런 차이에 너무 집착하지 말라. 타인과 함께, 타인을 통해서 협력할 때에야 비로소 위대한 것이 탄생한다.

생텍쥐페리(Saint-Exupery, 1900~1944) 프랑스의 소설가이자 비행사. 1943년 ≪어린 왕자≫를 발표했음. 1944년 정찰 임무를 위해 프랑스 남부 해안을 비행하다 행방불명되었음.

'인간은 사회적 동물이다.'라는 정의에서 보듯이 인간은 혼자서 살 수 없는 존재이다. 인간이 공동체와는 아무런 상관없이 혼자서 살아가는 존재라면 협동을 강조할 필요가 없다. 하지만 인간은 공동체를 떠나서는 살 수 없으며 그 속에서 살아가야만 하므로 공동체를 의식하고 영향을 받는 것은 당연한 일이다.

인간은 태어남과 동시에 공동체와는 불가분의 관계를 맺으면서 서로 떨어질 수 없는 관계가 된다. 인간은 독자적인 개인이면서 소속된 공동체의 일원이다. 동시에 개인이라는 구성원이 없는 공동체는 생각할 수 없다. 이처럼 개인으로 사는 삶을 영위하는 한편 가족, 지역 공동체, 국가와 같은 공동체의 구성원으로 살면서 협동을 실천하고 있다.

개인은 공동체 구성원으로서 상호 조화 속에서 공동체 발전을 위해 이바지해야 한다. 공동체에서의 협동 정신을 발휘하기 위해서는 다음과 같은 자세를 가져야 한다.

- 공동체에 이바지하겠다는 사명감과 공익 정신을 가진다.
- 내가 속한 공동체에서 일어나는 일에 관심을 가지고 해결을 위해 노력한다.
- 공동체 의식을 가지고 서로 돕고 협력하는 자세를 가진다.
- 공동체를 소중하게 생각하는 주인의식을 가진다.
- 개별선과 공동선의 조화를 이루는 행동을 한다.
- 내가 추구하는 자유와 권리가 공동체에 피해를 주지 않도록 한다.
- 공동체에 미치는 영향을 충분히 생각하면서 행동한다.
- 공동체가 도덕적이고 정의로운 방향으로 발전해 갈 수 있도록 노력한다.

✖ 협동의 가치

협동의 가치는 우리 생활 깊숙이 들어와 있으며 사회 전반에서 광범위하게 실천되고 있다 어려움이나 위험에 처한 사람을 여러 사람이 협동하여 도움을 주고 구출해 준다든지, 좋은 일을 위해 여러 사람이 협동하여 캠페인에 나서는 경우 등 다양한 면에서 협동이 펼쳐지고 있다. 이처럼 협동은 일상과 떨어져 있는 행동이 아니라 가까이에서 실천 가능한 행동이다

협동의 가치는 스스로 몸에 익혀야 한다. 협동하는 과정에서 서로 인내, 양보, 배려를 해야 한 차원 높은 협동이 이루어질 수 있다.

협동은 특정인이나 특정 집단만이 하는 것이 아니다. 글로벌 시대에 누구나 할 수 있고 누구와도 해야 하며, 그래야 발전과 경쟁력이 생긴다. 실생활에서 이루어지는 협동 활동은 현재 속해 있는 공동체 내에서 이루어지거나 공동체를 넘어 전국적으로 행해지기도 하지만 전 세계를 아우르는 활동 또한 활발해지고 있다. 다른 공동체와 연대를 통한 사회적 협동 활동은 소규모 공동체에서 행해지는 활동을 넘어서 온라인 플랫폼을 통해 글로벌하게 펼쳐진다.

협동은 바람직한 모습으로 이루어져야 한다. 이기적 목적을 위해 힘을 모으는 협동은 바람직하지 않다. 그러한 협동은 배타주의나 집단이기주의를 조장해 공동체 발전을 저해한다. 학연, 혈연, 지연에 기반을 둔 패쇄적 협동은 부정부패나 지역 이기주의를 야기하기 쉽다. 협동이란 명분으로 연고주의와 파벌주의가 조성되어 배타적 진영 논리에 얽매이게 된다. 그러므로 협동은 공영의 논리가 자리 잡을 수 있도록 개방성과 다양성을 지향해야 한다.

무조건적으로 협동만을 강조하여 개인의 개성과 독립성이 무시되어 개인의 능력 발휘를 저해해서는 안 된다. 협동에는 개인의 주체성과 상호 의존성이 동시에 고려되어야 한다.

✖ 근면과 협동

삶을 영위하면서 일과는 뗄 수 없는 관계이므로 일을 부지런히 하는 근면은 주요한 덕목이다. 인간은 누구나 삶의 목적으로 가치 있다고 생각하는 것을 이루고 싶어 한다. 일이란 삶의 목적을 달성하기 위하여 행하는 정신적·육체적 활동을 의미한다.

새가 날기 위해 태어난 것처럼 인간은 일하기 위해 태어났다. 일은 축복이며 일한다는 것이 인생의 가치이며 행복이다. 일하는 자는 힘을 갖고 있으며 게으른 자는 힘이 없다. 세상을 지배하는 자는 열심히 일하는 사람이다.

일은 인간의 삶에서 다양한 의미를 지니고 있다. 기본적으로 일을 통해 일상생활에 필요한 것을 만들어내고 그 대가를 받아서 생활한다. 일은 인격 수양에 도움이 된다. 일하면서 규칙적인 생활 습관으로 몸과 마음을 단련하고, 절제와 성실, 책임감과 같은 도덕적 가치를 배운다. 일하는 과정에서 겪게 되는 여러 가지 어려움을 극복하기 위하여 최선을 다하면서 문제 해결 능력을 기른다. 일을 통해 공동체의 규범을 익히고, 더불어 살아가는 방법을 배운다. 함께 일을 하는 과정에서 협동과 나눔, 배려 등 공동체 생활에서 필요한 태도를 배우고 공동체 발전에 이바지한다.

고흐 〈일터를 마친 저녁〉

칼뱅 (Jean Calvin, 1509~1564)
종교 개혁을 이끈 프랑스의 기독교 신학자.

 칼뱅 어록

> 모든 직업이 신의 부름, 즉 소명에 따라 주어지는 것이므로 직업을 성실하게 수행하여 봉사를 적극적으로 실천해야 한다.

누구나 머리나 손을 이용해서 일해야 한다. 일은 생활의 방편만이 아니라 목적이다. 일함으로써 삶에 보람과 가치를 느낄 수 있으며 건강하고 활기차게 살아간다. 인간은 할 일이 없어 빈둥대며 놀아서는 안 되며 부지런히 일해야 한다. 일을 통해 잠재된 자신의 능력을 발휘하여 삶의 의미를 발견하고 보람과 기쁨을 느끼면서 꿈을 이루어 자아를 실현한다.

자아의 실현을 위해 일이 중요한 역할을 하면서 직업에 따라 삶의 모습이 달라진다. 직업(職業)은 사회적 지위나 역할을 나타내는 직(職)과 생계를 유지하는 노동을 뜻하는 업(業)이 합쳐진 말이다. 직업은 생계유지 수단일 뿐만 아니라 자아실현에 이바지하며 공동체에서의 역할을 분담할 수 있게 한다.

협동 시

하나

셸리

샘물은 강물과
강물은 바다와 하나가 된다
하늘의 바람은 영원히
달콤한 감정과 섞인다

세상에 외톨이인 것은 하나도 없으며,
만물은 신성한 법칙에 따라
서로 다른 것과 어울리는데
어찌 나는 당신과 하나 되지 못하리

셸리(Shelley 1792~1822)
영국의 유명한 낭만파 시인. 작품뿐 아니라 생애 또한 관습에 대한 반발,
이상주의적 사랑과 자유에의 동경으로 일관해 주목받았음.

정리하기

◉ 인간은 혼자 살 수 없는 존재이므로 협동해야 한다.

◉ 개인은 협동을 통해 공동체 발전에 이바지해야 한다.

◉ 협동의 가치는 우리 생활 깊숙이 들어와 광범위하게 실천되고 있다

◉ 협동하는 과정에서 서로 인내, 양보, 배려를 해야 한다.

◉ 협동은 특정인이나 특정 집단만이 하는 것이 아니다.

◉ 협동은 상생의 논리가 자리 잡을 수 있도록 개방성과 다양성을 지향해야 한다.

◉ 협동에는 개인의 주체성과 상호 의존성이 동시에 고려되어야 한다.

◉ 삶을 영위하면서 일과는 뗄 수 없는 관계이며 일을 통해 협동이 이루어진다.

◉ 일은 축복이며 일한다는 것은 인생의 가치이며 행복이다.

◉ 일은 인간의 삶에서 다양한 의미를 지니고 있다.

◉ 함께 일을 하는 과정에서 협동과 나눔, 배려와 같은 공동체 생활에서 필요한 태도를 배우고 공동체 발전에 이바지한다.

◉ 일은 생활의 방편만이 아니라 목적이다.

◉ 일을 통해 자신의 능력을 발휘하여 보람과 기쁨을 느끼면서 살아야 한다.

확인하기

1 '인간은 사회적 동물이다'라는 관점에서 협동의 의미를 서술하시오.

2 개인이 공동체에서 협동 정신을 발휘하기 위해서는 어떤 자세를 가져야 할까요?

3 생활에서 펼쳐지고 있는 협동의 사례를 적어 보세요.

4 협동하는 것과 협동하지 않는 것의 결과는 어떤 차이가 있을까요?

5 일과 자아실현의 관계에 대해 서술하시오.

6 앞으로 내가 선택할 직업과 관련하여 내가 좋아하는 일은 무엇이며 이를 위해 어떤 노력을 기울일 것인지 적어 보세요.

정답 1~7. 각자 작성

예방 교육

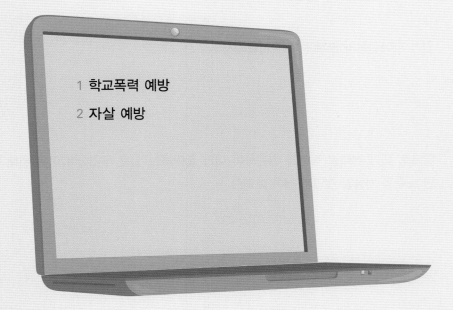

1 학교폭력 예방

📖 학습목표
- 학교폭력의 유형과 예방 방법에 대해 설명할 수 있다.
- 학교폭력 예방과 관련하여 친구의 중요성을 인식할 수 있다.
- 학교폭력의 주요 원인인 분노 조절에 대해 설명할 수 있다.

❊ 학교폭력의 현실

폭력은 자존심을 말살하고 극도의 공포심을 주는 행위이다. 수 많은 영화, 드라마, 게임에서의 폭력 장면 등 청소년들은 폭력에 쉽게 노출되어 있다. 청소년의 학교폭력은 심각한 사회 문제로 개인과 개인의 관계가 아니라 가해자가 집단화 되어 있다. 학교폭력의 양상이 점점 흉포화 되고 연령대가 점점 낮아지면서 학교폭력으로 자살하는 청소년의 비율도 증가하고 있다.

학교폭력이란 학생 간에서 일어나는 폭행, 상해, 왕따, 모욕, 공갈, 강요, 위협, 감금, 약취, 유인, 강제적인 심부름, 명예훼손, 성폭력, 사이버폭력, 면박하기, 빈정거림, 핀잔주기를 이용하여 학생의 신체적·정신적·재산적 피해를 주는 행위이다. 이처럼 신체 폭력, 언어폭력, 사이버 폭력, 금품 갈취, 따돌림 등 다양한 형태로 학교폭력이 존재한다.

❊ 학교폭력의 원인

학교폭력의 원인은 학우 간에 공감하지 못하는 갈등 상황에서 분노를 조절하지 못해 일어나거나, 소유욕을 채우기 위해서나, 심지어 폭력을 통해 쾌감을 느끼기 위해서도 행해진다.

학교폭력과 친구

학교폭력은 대개 동급생이나 상·하급생 사이에서 벌어지는 행위이다. 진정한 친구 사이에서는 상호 예의를 지키며 절대 학교폭력이 일어나지 않는다. 그러므로 친구에 대한 자신의 주관을 확립하고 올바른 친구를 사귀어야 한다.

유비(劉備, 161~223)
중국 삼국시대 촉한의 초대 황제(재위 221~223)이며 자는 현덕(玄德).

🎬 수어지교 水魚之交

• 유비는 왜 자신과 제갈량의 관계를 수어지교라고 했을까?

> 수어지교(水魚之交)는 물과 물고기와 같은 관계로 떨어질 수 없는 특별한 친분이 있는 사귐을 이르는 말이다. 촉한의 유비가 자신과 제갈량의 관계를 빗대서 한 말이다.
>
> 유비가 *삼고초려(三顧草廬) 끝에 제갈량을 책사로 모셨다. 제갈량의 지략에 힘입어 유비는 촉한(蜀漢)을 건국하였으며, 삼국정립(三國鼎立)의 형세를 이룰 수 있었다. 유비는 제갈량을 매우 존경하였으며, 제갈량 또한 유비의 극진한 대우에 충성을 다했다. 두 사람의 정은 날이 갈수록 깊어졌다. 유비는 모든 일에서 제갈량에게 가르침을 받은 다음에 결정을 내렸다.
>
> 그러나 유비와 결의형제를 맺은 관우와 장비는 제갈량에 대한 유비의 태도가 지나치다고 생각하고 종종 불평했다. 그러자 유비가 다음과 같이 말했다. "내가 제갈량을 얻게 된 것은 물고기가 물을 얻은 것과 같다네. 자네들은 다시는 말을 하지 않도록 하게." 이처럼 수어지교는 물과 물고기의 관계와 같이 떨어질 수 없는 운명적인 관계이다.

삼고초려(三顧草廬)
인재를 맞아들이기 위하여 참을성 있게 노력함. 유비가 제갈량을 자기 인재로 쓰기 위해 그 집을 세 번이나 찾아갔다는 데서 유래함.

제갈량(諸葛亮, 181~234)
중국 삼국시대 촉한의 지략가이며 자는 공명(孔明). 유비(劉備)를 도와 촉한(蜀漢)을 건국하는 대업을 이룸.

친구는 인생에서 소중한 보물이다. 좋은 친구 한 사람 만나는 것이 인생의 축복이고 행운이다. 만남으로 친구가 되는 것이지만 만남이 꼭 친구로 연결되지는 않는다. 좋은 친구를 만나는 것은 더욱이 어렵다.

만남을 위해서는 자신을 끝없이 가꾸고 다스려야 한다. 좋은 친구를 만나려면 자신이 먼저 좋은 친구감이 되어야 한다. 친구란 나의 부름에 대한 응답이기 때문이다. 내가 먼저 손을 내밀어 좋은 친구를 만들어야 한다.

학교폭력과 분노

학교폭력 원인 중의 하나는 분노이다. 상대방에 대한 분노이든, 자기 자신에 대한 분노이든, 상대방이 아닌 다른 사람 때문에 생긴 분노이든, 세상에 대한 분노이든 이를 특정인에게 폭발시키는 것이 학교폭력이다. 그러므로 분노를 잘 관리하여야 한다.

분노는 일상적으로 맞부딪치는 감정이다. 분노는 마음속에 숨겨져 있다가 자극을 받으면 분출한다. 이성이 달아난 빈자리에 분노가 들어서면 지성은 사라진다. 오랜 시간 침착했다가도 순간의 분노가 문제를 야기한다.

분노는 정신 깊은 곳에 파고들어 극한까지 몰고 간다. 분노는 마음에 좌절과 고통과 상처를 남기고 삶의 평화를 한 순간에 앗아가 버릴 수 있다. 분노를 폭발시키는 순간 분노가 자신을 지배하게 되고 분노에 굴복하는 순간 분노의 노예가 되고 만다. 분노에서 깨어나면 자신의 초라함과 어리석음과 비참함에 괴로워한다. 분노가 이성의 둑을 무너뜨리도록 방치하지 말아야 한다.

미련한 사람은 분노를 분출하는데 학교폭력, 군대폭력, 가정폭력, 사회폭력 등은 이러한 분노의 분출에 기인하는 것이다.

분노는 상대방과의 다름을 강조하여 분리 심리를 강화하고, '내가 옳다'는 태도를 만들어내고, 나아가 관계를 파괴하고 더 나아가 주위 사람들로부터 소외당한다. 분노가 일어날 때는 일단 숨을 고르고 마음을 추스려 감정을 다스려야 한다.

피해학생과 가해학생 후유증

학교폭력은 피해학생과 가해학생 모두에게 심각한 후유증을 남긴다. 학교폭력은 피해학생의 인간 존엄성을 파괴하는 행위이다. 폭력에 직접적으로 노출되었던 피해학생은 심리적으로 우울과 불안과 무력감에 시달리며, 타인에 대한 불신이나 원망, 미움의 감정으로 고통을 받는다. 여러 정서적 불안정으로 대인관계에 어려움을 겪고 현실 적응 능력이 심각하게 떨어진다.

폭력을 행사한 가해학생은 공격적이며 공감 능력이 결핍된 예가 많다. 타인에 대한 배려심이 현저히 낮을 뿐 아니라 폭력 친구들 끼리 관계를 형성한다. 특히 학교폭력을 저지른 후에 학교에서 처벌 받거나 법적으로 구속되어 처벌 받는 경우에 일생동안 씻을 수 없는 과오가 되어 앞으로의 삶에 커다란 지장을 받게 된다.

학교폭력을 다스리지 못하면 군대폭력, 사회폭력, 가정폭력으로 이어져 인생 자체가 폭력으로 얼룩진 삶을 살게 된다. 꿈 많고 창창한 미래가 펼쳐져 있는 청소년기에 학교폭력을 저질러 인생에 오점을 남겨서는 안 된다.

감수성이 예민한 이 시기의 학교폭력은 피해자에게는 평생 씻을 수 없는 상처를 안기며, 가해자에게는 여러 제재가 뒤따르며 자칫 전과자라는 불명예가 평생 따라다니며 인생에 오점을 남긴다. 그러므로 자신의 폭력 행위가 어떤 결과를 낳을 것인지에 대해 예측해 보면 그 심각성을 깨닫게 될 것이다.

폭력은 잘못된 방법으로 상대방을 무력으로 제압하는 것으로 피해자에게 신체적·정신적인 고통을 안긴다. 그 고통은 신체의 아픔뿐만 아니라 정신적으로 치유하기 힘들 정도의 자아 상실감에 빠지게 하여 복수에 나서게 하는 등 폭력의 악순환을 일으키거나 자살 등 극단적인 선택에 내몰리게도 한다. 이는 사회적 혼란과 사회적 손실을 초래한다.

✖ 학교폭력에서 벗어나는 방법

분노 조절을 하지 못해 학교폭력을 저지르는 가해학생은 분노가 일어날 때 조절하는 방법을 터득해야 하며, 소유욕을 채우기 위해 폭력을 행사하는 것도 큰 범법 행위이므로 자기관리를 철저히 해야 한다. 그리고 폭력에 쾌감을 느끼게 되면 점점 폭력에 중독되므로 애초에 상담을 받거나 정신적 치료를 받아야 한다. 학교폭력을 예방해야 하며, 학교 폭력이 일어났을 때는 이를 해결하기 위해 모두가 적극적으로 대처해야 한다.

학교폭력을 일으키지 않기 위해서는 학우 간에 의사소통을 원활하게 하여 친밀함을 키우고 갈등을 줄이거나 없애야 한다. 사회적 분위기나 제도적 차원에서 폭력 예방 노력이 있어야겠지만 무엇보다 자신이 폭력에 대한 문제점을 인식하고 폭력을 저지르지 않고 예방에 앞장서야 한다.

 폭력을 당하는 상황에서 폭력의 부당성을 명확하게 표현해야
하며, 피해학생은 용기를 가지고 자신의 상황을 주변에 알리고,
부모님이나 선생님, 전문가에게 적극적으로 도움을 요청해야 한
다. 필요한 경우에는 법이나 제도, 외부 기관을 적극적으로 활용
한다. 또한, 주변의 학우들은 따돌림을 당할 것을 두려워하여 방
관자가 되지 말고 피해학생의 입장에서 폭력 상황을 학교와 선생
님께 알려야 한다.

☑️ 학교폭력 신고할 곳

• 신고전화: 국번 없이 117
• 학교폭력 온라인 신고: www.safe182.go.kr
• 학교폭력 모바일 신고: m.safe182.go.kr

분노의 부정적인 면과 긍정적인 면

[예시 답안]

사상가들은 분노의 감정에 관하여 철학적으로 많은 관심을 보였다. 자제력과 초연한 태도를 강조하였던 스토아 학자들은 분노는 반드시 억제되어야 하는 부정적인 감정이라고 생각하였다. 불확실하고 위험이 가득한 세계에서 격정을 차분하게 다스려야만 마음의 평온을 유지할 수 있다는 것이다. 그래서 분노를 '모든 감정 가운데 가장 끔찍하고 광적인 감정'이라고 정의하면서 분노한 사람은 이성이 아닌 맹목과 지성이 아닌 어리석음에 휩싸인다고 하면서 분노를 부정적으로 보았다.

그러나 아리스토텔레스는 "격정에 사로잡히기란 누구나 할 수 있는 쉬운 일이다. 그러나 적절한 정도로, 적절한 때에, 적절한 방식으로, 적절한 목적을 가지고 분노하기란 어려운 일이다."라고 하면서 분노는 큰 힘을 발휘할 수 있는 적극적 감정으로, 현명하게 표출되면 훌륭한 결과를 낳을 수 있다고 주장하였다. 즉 분노가 이성의 둑을 무너뜨리고 파괴적 결과로 치닫도록 내버려두어서는 안 되지만 분노를 무조건 억제하는 것이 아니라 적절한 표출이 삶의 필수 불가결한 덕목이라는 것이다.

이와 같은 철학자들의 주장을 현대 사회에 적용해 보면 분노의 부정적인 측면으로는 분노가 인간의 마음을 지배하면, 현명한 판단은 사라지고, 종종 일시적인 광기가 일어난다. 분노는 스트레스, 궤양, 심장 발작, 또는 알코올 중독을 일으킨다.

그러나 긍정적인 목적을 위해 슬기롭게 표출되는 분노는 효과적인 도구가 될수 있다. 최선을 다하지 못하였을 때 자신에 대한 적절한 분노는 도움이 될 수 있다. 왜냐하면, 그것은 다음번에 더 잘하도록 노력하게 되는 촉매 역할을 할 것이기 때문이다. 사회 부정에 대한 분노는 사회 문제를 해결하고, 불행한 사람을 위해 도움을 주도록 하고, 그래서 공동체를 유지하고 발전시키는 기폭제가 된다.

"화를 낼 줄 모르는 사람은 선하게 살 줄도 모른다"는 현대 사상가의 말은 분노의 긍정적인 면을 잘 시사해 주고 있다.

2 자살 예방

 학습목표
- 청소년 자살의 양상과 원인을 설명할 수 있다.
- 청소년 자살 예방 방법을 설명할 수 있다.

✖ 청소년 자살 양상

사전에는 자살을 '고의적으로 자신에게 부과한 죽음이다. 강렬한 고통을 초래하는 문제 혹은 위기로부터 탈출 하고자 하는 방법이다'라고 정의한다. 자살은 고의로 자기를 해치거나 죽음에 이르게 하는 생각과 행동이다. 자살은 한 개인이 절망적인 상황에서 해결 방법이 없고 희망이 없다고 여겨질 때 시도하는 극단적인 행동이며 가장 심각한 정신 병리이다.

미래의 꿈에 부풀어야 할 청소년 시기에 '자살'이라는 끔찍한 생각을 하고 선택한다는 것은 큰 불행이다. 하지만 청소년 자살 사고는 점점 더 심각한 양상을 띠고 있다. 우리나라는 OECD 국가 중 자살률 1위이며, 특히 청소년의 경우 사망 원인 1위가 자살이다.

우리 사회에서 청소년 자살은 적극적인 개입이 필요한 심각한 사회 문제이다. 자살은 일회적이고 순간적인 병리가 아니라 만성적으로 진행되는 병리이며 청소년의 자살 행동은 여러 요소들이 복잡하게 연관되어 있는 문제이다.

청소년기의 자살이 일반인과 다른 특징은 청소년기는 아동기에서 성인기로 전환해 가는 '질풍노도의 시기'이다. 심리적으로 안정과 균형을 이루지 못하고 자신의 정체성에 대한 혼란과 미래에 대한 불확실성이 순간적으로 작용하여 성인에 비해 충동적인 자살의 경우가 많다. 친구나 다른 사람들과 함께 동반 자살을 하기도 하고 연예인이나 유명한 사람들의 자살을 모방하기도 한다. 현실이 아닌 사이버 공간에서의 자살을 현실과 구분하지 못하고 자살하기도 한다.

✖ 청소년 자살 원인

우울증, 불안장애, 외상 후 스트레스 장애, 학업 스트레스, 성적 비관, 지나친 경쟁, 학교폭력과 왕따, 이성 문제, 원만하지 못한 교우 문제, 실패에 따른 좌절감, 선천성 장애, 사고 후유증, 질병에 의한 건강 문제, 경제적 어려움, 가정불화, 결손 가정, 모방자살, 약물 중독, 주변 사람에 대한 분노, 자신의 무능함에 대한 자괴감, 미래에 대한 불안 등 굉장히 다양하다.

이와 같은 다양한 원인들을 종합해 보면, 시련과 실패 그리고 걱정과 불안이며 이에 따른 절망감이 마음의 감기라고 부르는 우울증으로 자리 잡아 자살에 이르게 하는 것이다.

자살의 원인은 한 가지로 요약할 수 없고, 복잡하고 다양한 요인들이 관여한다.

시련과 자살

견디기 힘들 정도의 시련이 오면 이를 회피하기 위해 자살을 떠올리고 시도하기도 한다. 그런 면에서 시련에 대하여 올바른 시각을 가지고 받아들이면서 관리해야 한다. 삶을 영위하는 과정에는 시련이 있게 마련이므로 시련을 견디고 극복하는 마음가짐을 가져야 한다.

뭉크 〈절규〉

🎬 스캇 펙 ≪아직도 가야 할 길≫ 중에서

> 산다는 것은 어렵다(Life is difficult). 삶이란 문제의 연속인 것을 자각하라. 인생이 시련이라는 사실을 알고 이를 용납하면, 오히려 시련의 문제를 해결해 나갈 수 있다.

M. 스캇 펙(Morgan Scott Peck, 1936~2005) 정신과 의사, 심리학자, 작가. 저서 ≪아직도 가야 할 길≫(1978)은 '심리학과 영성을 성공적으로 결합한 중요한 책'으로 평가됨.

삶에 절대적인 안정은 없다. 인생은 잔잔한 호수가 아니라 끊임없이 파도가 몰아치는 바다와 같다. 바다의 파도처럼 시련은 예측불허로 수시로 다가온다.

인생에 시련이 전혀 없다면 시련에 단련되지 못해 발전할 기회도, 강해지는 기회도, 변화할 기회도 줄어들 것이다. 시련은 약한

141

것을 강하게 하고, 두려운 것에 용감하게 맞서고, 지혜로 혼란을 극복하라고 가르친다. 시련은 사람을 강하게 만드는 도구로 단련의 기회다. 시련은 꿈을 실현하는 과정에서 겪는 경험이자 단련으로 담금질하여 역량을 키우는 것으로 생각해야 한다.

🎬 호찌민의 시 〈시련에 대하여〉

호찌민(胡志明, 1890~1969)
베트남의 혁명가이자 독립운동가, 정치인.

> 절굿공이 아래서 짓이겨지는 쌀은
> 얼마나 고통스러운가!
> 그러나 수없이 두들김을 당한 후에는
> 목화처럼 하얗게 쏟아진다.
> 이 세상 인간사도 때로는 이와 같아서
> 시련이 사람을 빛나는 옥으로 바꾸어 놓는다.
> 겨울의 차가움과 고적함이 없다면
> 봄날의 따스함과 눈부심도 없으리.
> 시련은 내게 온유함과 강인함을 가져다주고
> 강건한 마음마저 선물하네.

시련에 굴복하면 강물에 떠내려가는 죽은 물고기 신세처럼 되고 만다. 시련에 강해지고 시련을 극복해야 한다. 시련이 닥칠 때 감당치 못할 시련은 없다는 확신을 가지고 주저앉아서는 안 되며 자신의 한계를 시험한다고 여기고 일어서야 한다. 짓밟힘을 당해야 윤이 나는 자갈이 되는 것과 같이 시련을 통해 꿈이 분명하게 되고 실현하는 힘이 강해진다. 쉽고 편안한 환경에선 강한 인간이 만들어지지 않으며 시련을 통해 강한 영혼이 탄생한다. 시련은 두려워하고 피해야 할 대상이 아니라 담대하게 마주해야 할 귀중한 선물이다.

🎬 ≪명심보감≫ 중에서

> 백옥은 진흙 속에 던져져 있더라도 자신의 아름다운 빛을 잃지 않는다. 군자는 어려운 역경을 만나도 자신의 빛을 잃지 않는다.

시련은 사람의 진가를 알 수 있는 시금석이다. 강인한 사람과 나약한 사람의 구분은 시련이 왔을 때 극복하기 위한 의지를 갖추고 행동하느냐의 여부다. 시련을 당하면 생각나는 것은 '이미'와 '비록'이다. 나약한 사람은 비관론자로 '이미' 일어난 일이니 어쩔 수 없다고 하면서 굴복하여 극심한 고통의 나락으로 떨어지지만 강인한 사람은 낙관론자로 '비록' 일어나긴 했지만, 잠재력을 발휘하여 극복하면서 꿈을 향해 나아간다.

시련은 삶을 흔들면서 극복을 위한 영감이 떠오르게 하고, 통찰력이 생기고, 용기와 지혜와 잠재력이 일깨워지고 재능을 발현시킨다. 시련은 없을 수 없으며 통제할 수 없으므로 불평, 불만, 변명하지 않고 극복하기 위해 앞으로 나아가야 한다.

실패와 자살

실패했을 때 좌절감에 젖어 자살 충동을 느낄 수가 있다. 눈앞에 닥친 실패를 실제보다 더 크게 받아들여서는 안 된다. 실패를 어떻게 바라보고 받아들이는가는 마음의 평정을 위해 매우 중요하다. 있는 그대로 받아들이면서 이를 잘 관리하여야 한다. 그래야 좌절하지 않고 마음의 안정을 얻고 새로운 용기를 가지고 다시 일어설 수 있다.

🎬 장사하는 아저씨

- 장사하는 아저씨는 많이 팔지 못하더라도 어떤 자세를 가지고 있는가?

> 지하철 객차 안에서 장사를 하는 중년의 아저씨가 승객을 향해 "자 여러분께 좋은 물건 하나 소개하려고 합니다. 이것은 우리가 매일 쓰는 칫솔입니다"라고 하면서 이 칫솔의 좋은 점과 한 개에 천 원이라고 말한 다음에 앉아 있는 승객들에게 하나씩 나누어 주고는 말을 이어갔다.
> "자, 여러분, 여기서 제가 몇 개나 팔 수 있을까요? 여러분도 궁금하시죠? 저도 궁금합니다." 잠시 후 결과가 나왔다. "칫솔 두 개를 2천원에 팔았습니다. 저는 크게 실망하지만 포기하지 않습니다. 왜냐하면, 다음 칸이 있으니까요."

성공한 사람의 뒤에는 그만큼 아니, 그 이상의 실패가 자리하고 있다. 실패 후에 좌절하느냐 다시 일어서느냐 하는 것이 성공과 실패를 결정한다. 실패에 굴복하는 것만이 실패이다. 안 되는 것이 실패가 아니라 포기하는 것이 실패이다. 성공은 넘어질 때마다 일어나는 사람에게 오는 것이다.

실패를 실험이며 성공의 과정이며 투자라고 생각해야 한다. 실패는 성공으로 가는 중간역이지 종착역은 아니다. 성공은 대개 실패라는 시행착오를 통해서 온다. 실패하지 않는 유일한 길은 아무런 시도도 하지 않는 것이다. 성공하는 사람은 실패하지 않는 사람이 아니라 포기하지 않고 또다시 도전하는 사람이다.

실패를 했을 때 자신을 돌이켜보고 반성하면 인생의 좋은 약이 된다. 하지만 남의 탓으로 돌리며 책임을 회피하면 그 마음이 자신을 향한 칼이 되어 돌아온다. 반성은 성공의 길을 여는 것이지만, 회피는 완전한 실패로 떨어지는 길이다.

실패는 누구나 하지만 실패를 돌아보고 반성하는 사람의 마음 가짐이 중요하다. 내 잘못을 반성하고, 나의 잘못까지 너그럽게 용서하는 자아성찰을 해야 한다.

걱정과 자살

누구나 삶에서 걱정거리를 만나고 걱정을 하면서 살아간다. 지나친 걱정은 영혼을 망가지게 하여 자살 충동을 일으키는 원인이 되기도 한다. 그러므로 걱정을 잘 받아들여서 관리를 하는 것은 매우 중요하다. 그래야 마음의 안정을 가져와 정상적인 생활을 영위할 수 있다.

기도하라

> 그대는 기도하라.
> 너무나 그대 자신과 논쟁하고
> 너무나 지나치게 풀이한 문제를 잊게 해 달라고,
> 걱정할 것과 걱정하지 않을 것을 구분해 달라고,
> 조용히 앉아 있는 법을 가르쳐 달라고 기도하라.

삶에서 걱정이 없을 수 없지만 지나친 걱정은 자신을 더욱 곤경에 빠뜨린다. 부정적인 생각으로 인한 걱정의 짐을 덜어야 한다. 걱정거리가 생길 때마다 지금 이 순간에 간절히 바라는 것을 자신에게 물어보면서 부정적인 생각을 없애야 한다. 자신이 바라는 것들에 집중해서 생각하고, 말하고, 상상해야 한다. 지혜로운 사람은 걱정의 노예가 되지 않으며 자신을 에워싸고 있는 우울한 생각을 차단한다. 편안한 마음을 가지는 방법을 배워야 한다.

일단 걱정거리에 직면하면 해결할 수 있는 일이 있는지 없는지 판단하고 시도해 볼 가치가 있는 일이 있다면 정보를 수집하고, 조언을 구하고, 도움을 요청하는 등 모든 힘을 다해 실행에 옮겨야 한다. 만약 걱정거리에 대해 아무런 해결책이 없다면 걱정해도 소용없으므로 다른 일에 몰입하는 것이 좋은 방법이다.

불안과 자살

현대 사회는 '불안의 시대'라고 지칭될 만큼 개인이나 사회적으로 다양한 불안 현상이 나타나고 있다. 인간적인 '존재' 자체로부터 사회구조적으로 강요된 개별화와 고립감, 심지어 예측하기 어려운 글로벌 경제 위기와 무역 전쟁, 노동으로부터의 소외나 환경 및 생태위험 등 불안이 도처에 산재해 있다. 청소년에게 있어서도 마찬가지다. 성적, 진학, 가정 형편, 자신의 미래 등 많은 불안의 요소가 있다.

불안할 때 불안감을 지우려고 해도 쉽게 지워지지 않는다. 불안감을 억지로 지우려 하기 보다는 자연스러운 현상으로 받아들이면서 해소하기 위한 준비와 노력을 해야 한다. 불안을 긴장과 갈등, 소외 등 병리 현상으로 바라보는 시각에서 전환하여 개인이나 사회 발전의 에너지로 작용하도록 긍정적인 도전을 해야 하며 사회적인 역동성을 이룩해야 한다.

분노와 자살

억울한 일을 당했을 경우에 분노를 참지 못하고 그 억울함을 알리는 방법으로 자살하기도 한다. 분노는 마음에 좌절과 고통과 상처를 남기고 삶의 평화를 한 순간에 앗아가 버릴 수 있다. 분노를 폭발시키는 순간 분노가 자신을 지배하게 된다. 분노에 굴

복하는 순간 분노의 노예가 되고 만다. 분노가 이성의 둑을 무너
뜨리도록 방치하지 말아야 한다.

　분노를 억누를 줄 아는 것은 현명함을 보여주는 것이다. 분노
를 다스리는 법을 터득해 사는 것이 삶의 지혜이다. 분노의 해독
제는 시간이며 세월이다. 분노에 깔린 슬픔, 고통, 증오와 상처를
헤아리고 풀어주어서 분노를 일으키게 한 감정적인 고리를 끊어
야 한다.

청소년 자살의 징후

　자살하기 전 청소년들의 평소와는 다른 행동들은 너무 아프고
힘들다는 신호이다.

- 자살이나 죽음에 대해 자주 언급하고 이와 관련된 책과 사이
  트를 찾아보며 죽음과 관련된 글이나 낙서를 한다.
- 대인관계를 피하고 대외적인 활동이 줄어들
  면서 친구나 주변 사람들과의 접촉도 줄어들
  게 된다.
- 식사량이나 수면시간이 지나치게 줄거나 늘
  어난다.
- 주변을 정리 정돈하며 소중하게 간직하던 물
  건을 나눠주는 등 평소에 하지 않던 행동들
  을 한다.
- 갑자기 무모하고 과격한 행동을 하고 세상에
  대한 분노와 적개심을 드러내기도 한다.

✖ 청소년 자살의 특징

- 사소한 일에도 쉽게 충격을 받아 충동적으로 단순하게 자살하는 경향이 많다.
- 오랫동안 자살생각을 한 결과라기보다는 감정적이다.
- 자신의 심적 고통을 외부에 알리고자 하는 호소형 자살이 많다.
- 성적 및 학교생활과 관련된 문제로 인한 자살이 많다.
- 모방 자살이 많다.
- 이성교제 문제로 자살하는 경우가 증가하고 있다.
- 카드와 스마트폰의 무분별한 사용에 따른 경제적 문제로 자살하는 경우도 있다.
- 따돌림, 학교폭력 등의 고통으로 자살하는 경우가 늘어나고 있다.

✖ 청소년의 자살 예방 방법

- 생명의 소중함을 인식하고 죽음으로 모든 것이 해결될 수 없으며 긍정적이고 바람직한 해결 방법이 있음을 깨닫는다.
- 가족 간의 유대를 강화하여 서로 긴밀한 소통을 한다.
- 가정에서 청소년의 자존감을 높여주고, 정서적 안정감을 주고, 성적에 대해 지나친 부담감을 주지 않도록 한다.
- 교우 관계를 바르게 하고 선생님과 친구들과 긴밀하게 지낸다.
- 동아리 활동, 봉사 활동이나 스포츠 활동, 문화 행사 참여 등을 통해 쾌활함을 유지한다.
- 스스로 심리 상태와 정신 상태의 흐름을 파악하여 이상이 있다고 판단될 경우 부모님이나 선생님, 의사, 전문가의 도움을 받도록 한다.

● 특히 우울증은 가장 큰 자살 원인이므로 반드시 치료를 받아야 한다. 우울증은 자기 자신과 미래, 그리고 세상에 대한 인식을 왜곡시킨다. 상황을 객관적으로 판단하여 비관적인 생각을 막는 것이 우울증 치료의 목적이다. 청소년의 우울증은 대개 그 원인이 단순함으로 효과적인 치료로 좋은 결과를 볼 수 있으므로 치료에 대한 거부감이나 부정적인 생각을 하지 말고 꾸준히 치료를 받아야 한다.

자제력 발휘

청소년 자살은 한 순간을 참지 못하고 충동적으로 자살하는 경우가 많다. 그러므로 자제력을 발휘해야 한다. 자제력을 잃으면 인간은 정신적 자유를 상실하게 되고 나락으로 떨어질 수 있다. 자제력으로 충동적인 생각을 멀리하고 단호히 버려내야 한다.

자존감 회복

심리학자들은 "자존감이 인간 행동의 중요한 기본 동기이고 정신 건강 및 사회 적응과 밀접한 관계가 있으며 전 생애에 걸쳐 한 사람의 정신 건강을 지배하는 주요 감정이다"라고 말한다. '자살은 자존심이 상했을 때 최후에 선택하는 것'이라는 말이 있다. 자살은 극도의 자존감 상실에서 저지르는 행위이다.

자기 배려를 해야 한다. 자기 배려는 자신에 대한 올바른 인식에서 비롯된다. 자신을 온전한 전 인격적인 존재로서 받아들이고 스스로를 귀하게 여기는 자존감, 자신의 가치 등에 대하여 대우하는 마음이 있어야 한다.

자신을 배려하기 위해서는 자기수용과 자아존중이 필요하다. 자기수용은 자신의 있는 모습 그대로를 인정하고 받아들이는 것이다. 사람들은 누구나 자신이 가지고 있는 여러 모습 중에서 좋고 긍정적인 모습은 밖으로 내보이려고 하지만 부정적이라 생각되는 모습은 다른 모습으로 포장하거나 아예 감추어 버리려는 경향이 있다. 부족한 부분은 부족한대로 인정하고 받아들여야 한다. 잘못을 했다 하더라도 자신을 용서하고 고쳐나가려는 노력이 필요하다.

긍정적 사고

자살에 이르는 사람은 현재와 앞으로의 상황을 부정적으로 보기 때문이다. 평소에 매사를 긍정적으로 바라보는 습관을 가져야 한다. 그래야 절망적인 상황에서 잘 될 것이라는 희망을 가지면서 마음의 안정을 가져올 수 있다.

확신과 신념으로 무장된 믿음은 힘든 상황에서 반드시 필요하다. 믿음은 좌절과 실패를 쉽게 극복하게 하는 위대한 힘이 있다. 실패로 종결되는 대부분의 원인은 부정적인 사고와 자신의 능력에 대한 의심 등 마음속에 심어놓은 한계 때문이다. 믿음으로 실패에 대해 두려워하지 않는 용기를 가지고 나아가야 한다.

믿음은 어떤 장애물도 극복하게 하는 힘이다. 삶의 과정에서 난관에 부딪혔을 때 "안 해' '나 못 해'가 아니라 '할 수 있다'는 생각을 하게 되면 전혀 다른 결과를 가져온다. 힘든 상황이 오더라도 더 잘 되기 위한 과정으로 받아들여야 한다.

감사

자살을 마음먹거나 시도하는 것은 삶에 대해 감사함이 없기 때문이다. 자신의 존재 그 자체와 현재 자신이 가진 것에 대해 감사함이 없기 때문이다. 그러므로 마음의 평화를 얻으려면 감사하는 마음을 가져야 한다.

🎬 버트런드 러셀 어록

> 현명한 사람은 다른 사람이 가지고 있는 것과 자신이 가진 것을 비교하면서 자신의 즐거움을 망치지 않는다.

버트런드 러셀
(Bertrand Russell, 1872~1970)
영국의 수학자, 철학자, 역사가, 노벨문학상 수상.

감사하는 마음을 가지려면 분별없이 비교하지 말아야 한다. 무조건 남과 비교하는 것은 불행으로 가는 지름길이다. 습관적으로 자신과 남을 비교하고, 자신이 가진 것과 자신이 원하는 것을 비교하고, 현재의 자신을 과거와 미래와 비교하는 것은 불행의 씨앗이다.

비교하는 순간 삶의 리듬은 헝클어지고 자신의 모습과 목표가 초라해 보이고 허황되게 보이기 시작한다. 비교하면 다름이 보이는데 다름은 틀림이나 모자람이 아닌데도 스스로 그렇다고 생각하면서 불행의 싹을 키운다. 쓸데없이 비교만 한다면 결코 행복해질 수 없다.

비교한다는 것은 마음이 불안정하고 불편하다는 증거이다. 정체성과 자아를 잃고 자신이 가지고 있는 향기를 감추는 것과 같다. 감사의 기준을 남에게 두지 말고 자신의 삶에 두어야 현재의 삶에 감사하게 된다. 위와 비교하면 자신이 비천해지고 아래와 비교하면 교만해질 수 있다. 비교하여 남의 삶을 복사하려고 하지 말고 자신의 생활을 즐겨야 한다.

희망

자살을 사도하는 것은 어떤 상황 때문이든지 절망에 빠져 희망이 없다고 생각하기 때문이다. 어떠한 상황에서도 희망을 발견해야 올바른 정신 건강을 유지할 수 있다. 희망이란 절망 속에서 피는 꽃이다.

존 윌리엄 워터하우스의 그림 《판도라 Pandora》
(1896년 작품)

판도라의 상자

• 단 한 가지 남은 것은 무엇일까?

판도라의 상자

(Pandora's box)
판도라가 열지 말라는 뚜껑을 열었더니 그 속에서 온갖 재앙이 뛰쳐나와 세상에 퍼지고, 상자 속에는 희망만이 남았다는 그리스 신화의 상자.

그리스 신화를 보면 프로메테우스와 에피메테우스 형제가 신의 불을 훔쳐 인간에게 줌으로써 인간이 독립성을 가지게 된다. 그러자 이를 보복하기 위해서 제우스는 판도라를 내려 보내 에피메테우스와 결혼을 시킨다. 제우스는 판도라에게 상자 하나를 들려 보내면서 "절대로 열어보아서는 안 된다"고 말했다.

하지만 에덴동산에서 이브가 했던 것처럼 판도라는 호기심을 억누르지 못하고 상자를 열어보고 말았다. 뚜껑을 여는 순간, 상자에 있던 온갖 불행이 쏟아져 나와 온 세상에 퍼졌다. 그때 상자 속에 단 한 가지 남은 것이 있었는데, 그것이 바로 희망이었다. 이렇게 해서 희망은 세상에 퍼져나간 불행과 맞서 싸울 단 하나의 무기가 되었다.

신이 인간에게 준 중요한 축복은 희망이다. 희망은 삶의 근거이고 원리다. 인간은 끊임없이 희망을 품고 살아가는 존재다. 희망은 마음에 꽃이 피게 하고 삶을 지배한다. 희망은 현재를 결정하는 연결고리이며 혁신하는 원동력이다. 희망은 성취되지 않은 미래에 대한 소망이므로 인간은 이를 이루려고 노력한다.

왜 쓰러지고 싶은 날들이 없겠는가? 때로는 포기하고 싶고, 쓰러지고 싶고, 자신을 버리고 싶을 때가 있다. 삶의 막장에서 고통과 절망으로 울부짖을 때가 있다. 막장이 더 내려갈 수 없는 곳임을 깨닫는 순간, 남은 것은 희망뿐임을 깨달아야 한다. 막장에서도 삶은 계속되며 이제 희망만 있다.

평정심

자살의 가장 큰 원인은 마음의 감기라고 부르는 우울증이다. 수시로 변화하는 여러 상황과 여건에 평정심을 갖는 것이 중요하다.

마음은 수많은 채널이 달린 텔레비전과 같다. 선택하는 채널대로 순간순간의 자신이 존재한다. 분노를 켜면 분노하는 자신이 되고, 평화와 기쁨을 켜면 평화롭고 기뻐하는 자신이 된다. 원망이나 분노가 치밀어 오를 때, 변명이나 주장을 하고 싶을 때, 놀람으로 마음이 흔들릴 때, 평정을 유지하기란 결코 쉽지가 않다.

🎬 마음의 평정

• 선생님은 왜 버킷리스트에 '마음의 평정'을 넣으라고 했을까?

> 고등학교 졸업을 앞둔 학생이 앞으로의 삶을 착실하게 살아야겠다고 각오를 하고 '버킷리스트'를 작성하여 실행에 옮겼다. '건강한 삶'을 위해 꾸준히 운동하고, '사랑받는 삶'을 위해 주변 사람들을 배려했으

며, '지식이 풍부한 삶'을 위해 열심히 공부했고, '올바른 삶'을 위해 정의로운 행동을 했다.

하지만 청년은 착실한 삶을 위해 뭔가 부족한 것을 느끼고 존경하는 선생님을 찾아가서 물었다. "착실한 삶을 위해 이렇게 버킷리스트를 작성하고 실행하고 있는데 여기에 빠진 것이 있으면 말씀해 주십시오."

선생님은 버킷리스트를 보고 말했다. "계획을 잘 짜서 실행하고 있다니 대단하네. 그런데 가장 중요한 것이 빠진 것 같네. 그것은 마음의 평정이야. 매사에 평정심을 가지고 임해야 마음이 흔들리지 않고 꾸준한 성과를 거둘 수 있는 거지."

평정을 잃지 않는 사람은 마음이 크고 중심이 바로 서 있는 사람이다. 어떤 일이 일어나도 무슨 말을 들어도 마음이 동요하지 않고 고요하고 평온한 마음의 평정을 유지할 수 있어야 한다. 마음이 흔들리지 않고 평온한 상태는 자신을 잘 다스리는 사람만이 얻을 수 있는 과실이다.

프리드리히 〈안개바다 위의 방랑자〉

용서

나에게 큰 상처를 준 사람이나 내가 잘못을 저질러 죄의식을 가지면 이것이 우울증을 불러와 자살에 이르기도 한다. 이의 해결 방법은 용서하는 일이다. 상대방을 용서하고 나를 용서해야 한다. 때로는 용서하는 자신을 용서하지 못하는 경우도 있으므로 무엇보다 자신을 용서하는 자세가 중요하다.

용서는 쉬운 일이 아니다. 원한에 맺힌 이를 용서한다는 것은 말처럼 쉬운 일이 아니다. 상처는 깊고 오래 간다. 상처를 안겨 준 이에 대한 감정의 골은 쉽게 지워지지 않는다. 상처를 준 사람이 살아가는 모습을 상상만 해도 용서가 아닌 미움과 복수의 감정이 앞선다.

복수는 더 큰 불행을 낳는다. 복수심은 타인을 파괴하지만 자신도 파괴시킨다. 성급한 복수가 고통의 근원이 되며 복수는 일시적인 통쾌감을 줄지는 몰라도 죄의식을 남긴다. 복수가 아니라 용서를 선택하라.

망각

자살을 마음먹게 하는 것은 과거에 일어난 상황에 대해 '그 때 이렇게 했더라면' 하고 후회와 자책에서 비롯되는 것이 대부분이다. 그러므로 과거에 일어난 잘못된 상황을 잊어버리는 것이 급선무이다.

톱밥

• 교장선생님의 특강에서 톱밥이 뜻하는 것은 무엇일까?

졸업을 앞둔 고등학생들을 위한 특강에서 교장선생님이 질문했다. "나무를 톱으로 켜본 사람은 손을 들어 보세요."라고 묻자 상당수 학생이 손을 들었다. "그러면 톱밥을 켜본 사람이 있습니까" 하고 묻자 아무도 대답하지 않았다. 그러자 교장선생님은 "톱밥은 이미 켜졌기 때문에 켤 수 없습니다, 과거의 일로 후회하는 것은 톱밥을 켜려는 것처럼 아무런 소용이 없습니다"라고 말했다.

인생의 여정에서 과거에 집착해서는 안 된다. 과거의 어느 것도 바꿀 수는 없다. 과거는 다시 오지 않으며 의도적으로 기억해 낼 때만 존재한다. 과거에 집착하면 새로운 것이 들어설 자리가 없게 된다. 과거가 앞으로 갈 길의 반면교사는 되겠지만, 과거에 매달려 있는 한 내일을 향한 추진력을 얻을 수 없다. 과거가 현재를 가두는 감옥이어서는 안 된다.

과거에 아무리 커다란 성공을 하였든 실패를 하였든 그다지 중요하지 않다. 지나간 영광이나 후회, 오래된 죄책감, 해묵은 원망을 되씹으면 현재의 문은 열리지 않는다. 지난 잘못을 바로잡기 위해, 실패를 되풀이하지 않기 위해, 받은 은혜에 감사하고 보답하기 위해서는 과거를 뒤돌아볼 필요는 있겠지만, 습관적으로 과거를 되돌아보며 회한에 잠겨서는 아무런 이득도 없다. 바람직한 삶을 위해 현재의 삶에 충실히 하는 것이 더 중요하다.

사색

　자살은 마음의 문제에 기인한다. 특히 주어진 여건이
좋음에도 불구하고 인생에 회의를 느끼고 자살을 시도하
기도 한다. 그러므로 '나는 누구인가, 어디서 왔나, 어디로
가나, 내가 올바로 살아가고 있나?' 하고 마음의 눈으로,
마음의 가슴으로 자신을 바라보는 사색이 필요하다. 그러
면 조급함이 사라지고 삶에 대해 여유로움이 생긴다.

　사색은 조용한 시간을 요구하므로 고요함을 맛보아야 한다. 고
독과 침묵 속에서 자신의 힘으로 마음속에서 실존의 진리를 찾
아야 한다. 때로는 발상의 벽에 부닥칠 때 미련 없이 떨치고 푸르
게 잎을 틔우는 나무를 보거나 해변이나 강가로 나가 낚싯줄을
드리우면 푸른 잎사귀와 파도와 바람 그리고 햇볕으로부터 마음
의 평화를 얻게 된다.

　마음의 건강을 위해 사색을 해야 한다. 마음이 분주하거나 꽉
막힌 듯 답답하면 삶에 여백이 필요하듯 가끔씩 사색을 통해 자
신을 비워내는 시간을 가져야 한다. 때때로 혼자서 여유롭게 생
각하면서 자기 자신과 대화하는 시간을 가져야 한다. 문제의 단
편들을 모으고, 해결책을 마련하기 위해 노력하고, 계획하고, 자
신의 내면에서 우러나오는 생각에 귀를 기울여야 한다.

☑ **청소년 자살예방에 도움을 주는 기관**

　• **24시간 정신건강 상담전화**: 1577-0199
　• **생명의 전화**: 1588-9191
　• **보건복지 콜센터 희망의 전화**: 129,
　• **한국자살예방협회 사이버 상담실**(www.counselling.or.kr)
　• **한국청소년 상담원 청소년 전화**: 1388

논술 교실

청소년들의 자살 현상을
해결하기 위한 방법

[예시 답안]

오늘날 사회 경제적으로 급격한 변화가 일어나면서 극단적인 탈출구로 자살을 택하는 사람들이 많다. 또한 자살사이트라는 새로운 매체에의 접근은 자살이라는 전염병의 새로운 감염 경로가 되고 있는 실정이다. 자살은 자연사나 병사 이외의 사망으로서 사고사와 함께 개인과 그 가족뿐만 아니라 사회에 큰 충격을 준다. 특히 미래의 주인공인 청소년의 자살률이 높다는 것은 커다란 사회적 충격이 아닐 수 없다.

왜 청소년들의 자살률이 다른 연령층에 비해 높은 것일까? 우선 청소년기가 다른 연령층보다 높은 자살률을 보이고 있는 한 원인으로 청소년기가 갖는 특징을 들 수 있다. 즉 청소년기는 신체적, 인지적, 정서적으로 급격한 변화를 겪게 되는 시기로 일시적으로 많은 혼란을 겪게 된다. 또한 현대 사회의 변화는 과거의 청소년보다 오늘날의 청소년들에게 보다 많은 기대와 요구를 하고 있다. 이러한 변화와 기대는 균형적인 발달을 이루지 못한 청소년들에게 적지 않은 스트레스로 작용하여 심리적인 문제와 충동적으로 행동할 가능성을 증가시키기 때문이다.

자살은 사회적 손실이며 공동체를 붕괴시키는 사회 문제다. 자살은 인간만이 가지고 있는 인간 고유의 메커니즘이라 할 수 있다. 자살률이 높은 지금의 현실에서 생명을 보존하여 현실에 적응해 삶을 뜻 있게 보낼 수 있도록 사회적인 여러 기능들이 올바르게 작동되어야 할 것이다.

특히 청소년의 자살을 방지하기 위해서는 가정과 학교에서 자살의 징후를 조기에 발견토록 하는 자살의 예측 변인을 파악하고 자살 위험도를 판정하여 대처할 수 있어야 한다. 또한 항상 청소년의 정신 건강을 도모하는 것이 기본이며 아울러 환경 개선이 이루어져야 한다. 그리고 가장 중요한 것은 가정, 학교, 사회에서 청소년이 건전하게 발달하여 성장할 수 있도록 종합적인 교육적 대책이 적절히 이루어져야 한다. 아울러 이 삼자 간에 연계성을 높일 수 있는 긴밀한 노력이 충분히 이루어져야 한다.

희망의 스위치

왜 쓰러지고 싶은 날들이 없겠는가? 때로는 포기하고 싶고, 쓰러지고 싶고, 자신을 버리고 싶을 때가 있다. 삶의 막장에서 고통과 절망으로 울부짖을 때가 있다. 막장이 더 내려갈 수 없는 곳임을 깨닫는 순간, 남은 것은 희망뿐임을 깨달아야 한다. 칠흑같이 컴컴한 방이 있다. 스위치 하나만 찰칵 올려준다면 환하게 빛난다. 사람의 마음도 똑같다. 인생에서 부닥치는 무수한 절망과 포기하고 싶은 순간들. 바로 그 순간 희망의 스위치를 찰칵 올려라.

희망의 줄을 놓으면 한순간에 무너진다. 절망이 희망을 점령하게 해서는 안 된다. 절망의 끝자락에 붙어있는 것이 희망이다. 희망의 밧줄은 언제나 아주 가까운 곳에 있다. 절망의 나락에 떨어지지 말고 희망의 밧줄을 놓치지 말아야 한다. 세월은 이마를 주름지게 하지만 절망은 영혼을 주름지게 한다. 몸은 심장이 멈출 때 죽지만 영혼은 희망을 잃을 때 죽는다.

희망을 품지 않는 것은 어리석으며, 버리는 것은 죄악이다. 희망의 빛을 보고도 눈을 감는 것은 자살 행위다. 절망의 순간에 희망이 없는 삶은 바로 죽음과 같은 삶이다. 절망적인 상황에서 버틸 수 있게 하는 힘은 바로 희망이다. 희망은 정신적 엔진이다. 어둡고 험한 세상에서 빛으로 이끄는 큰 힘이다. 인내와 용기를 발휘하게 하여 시련을 극복하고 삶을 변화시킨다.

행복과 평화만으로 인생이 계속될 수는 없다. 경제적 어려움, 불치병, 불우한 환경, 사업 실패, 안전사고, 자연재해, 전란으로 인한 폐허 등 절망의 상황에서 피어나는 꽃이 희망이다. 살면서 부딪치는 절망이라는 암벽을 담쟁이가 타고 오르듯이 희망이 절망을 정복해야 한다.

희망은 늘 괴로운 언덕길 너머에 기다리고 있다. 희망이 없다고 생각하면 보이지 않고 있다고 믿으면 보인다. 희망을 그리는 사람은 마침내 그 희망을 닮아간다. 희망이 이루어질 것을 믿어야 한다.

다비드 프리드리히 〈떠오르는 태양 앞의 여인〉

지은이 _ **윤문원**

인성교육 전문가, 작가. 저서로 ≪인성교육 만세≫ ≪고등학교 인성≫①·②·③
≪중학교 인성≫①·②·③ ≪초등학교 인성 ①②③≫ ≪초등학교 인성 ④⑤⑥≫
≪유아 인성교육 만세≫ ≪쫄지마 중학생≫ ≪길을 묻는 청소년≫ ≪잘나가는 청춘
흔들리는 청춘≫ ≪인생에 그림이 찾아왔다≫ ≪아버지 술잔에는 눈물이 절반이다≫
≪엄마가 미안해≫ ≪영화 속 논술≫ ≪49편의 말 많은 영화 읽기≫ ≪논술 심층
면접 골격 답안≫ 등 50여 권이 있으며, 다수의 도서가 권위 있는 기관의 추천
도서로 선정되었고, 외국에도 수출되어 번역 출간되었다.
저서의 여러 글이 중·고등학교 검정 교과서(고등학교 문학, 중학교 국어, 중학교
도덕, 중학교 기술 가정)와 교사용 지도서 15곳에 게재되어 있다.
교육부 중앙교육연수원, 교육청, 방송통신대학교 프라임칼리지, 대학교, 중·고교,
기업·단체 등에서 인성 강의를 하였으며, EBS TV '교육 대토론회'와 '학교폭력
예방' 프로그램에 패널로 출연하였다.

고등학교
인성 ❸

초판 1쇄 인쇄 | 2019년 3월 1일
초판 1쇄 발행 | 2019년 3월 5일

지은이 | 윤문원
펴낸이 | 심윤희
감수 및 교정·교열 | 김형준
디자인 | 최은숙

펴낸곳 | 씽크파워
출판등록 | 2005년 10월 21일 제397−2018−10호
주소 | 서울특별시 성북구 보국문로18길 19−7, 402호
전화 | 02−817−8046
팩스 | 02−817−8047
이메일 | mwyoon21@hanmail.net

ISBN 979−11−85161−27−3 (53190)